Caroline Fourest – Generation Beleidigt

W0172806

Caroline Fourest ist Autorin und Filmemacherin. Sie hat für *Charlie Hebdo* gearbeitet und ist Zeitungskolumnistin, sie unterrichtet am Sciences Po über die Spannung zwischen Multikulturalismus und Universalismus und hat zahlreiche Bücher zu diesem Thema verfasst. Ihr erster Spielfilm *Sœrs d'armes* ist eine Huldigung des kurdischen Freiheitskampfes.

Titel der Originalausgabe: »Génération offensée. De la police de la culture à la police de la pensée«, Paris 2020
© Editions Grasset & Fasquelle, 2020

Edition
TIAMAT
Deutsche Erstveröffentlichung
1. Auflage: Berlin 2020
© Verlag Klaus Bittermann
www.edition-tiamat.de
Druck: cpi books
Buchcovergestaltung: Felder Kölnberlin Grafikdesign
ISBN: 978-3-89320-266-9

Caroline Fourest

Generation Beleidigt

**Von der Sprachpolizei zur
Gedankenpolizei
Über den wachsenden Einfluss
linker Identitärer**

**Aus dem Französischen von
Alexander Carstiuc, Mark Feldon,
Christoph Hesse**

**Critica
Diabolis
284**

**Edition
TIAMAT**

Inhalt

Einleitung

Im Mai 1968 träumte die Jugend von einer Welt, in der es verboten ist zu verbieten.[1] Die neue Generation denkt nur daran, zu zensieren, was sie kränkt oder »beleidigt«.

Auf der anderen Seite des Atlantiks genügt es, dieses Wort auch nur auszusprechen, um eine Unterhaltung zu beenden. War sie einmal Bestandteil einer notwendigen Reflexion, um das Vokabular der schikanösen Schlacken zu entledigen, die sich gegen Frauen oder Minderheiten richten, so sieht die »politische Korrektheit« nun der freiheitsbedrohenden Karikatur immer ähnlicher, die ihre Gegner seit jeher gezeichnet haben, auch schon bevor sie dermaßen ausartete. Ein Glücksfall, über den die Konservativen sich die Hände reiben, denn er lässt sie die schöne Rolle eines Meisters der Freiheiten spielen.

Einst kam die Zensur von der konservativen und moralistischen Rechten. Nunmehr entspringt sie der Linken; oder vielmehr einer bestimmten, nämlich ihrerseits moralistischen und identitären Linken. Während sie den libertären Geist aufgibt, bringt sie ihr Leben damit zu, Anathemata und Ukasse zu erlassen: gegen Intellektuelle, Künstlerinnen, Sängerinnen, Theaterstücke oder Filme. Wenn sie doch nur gegen die wirklichen Gefahren anschriee: die extreme Rechte und den wiederaufkommenden Wunsch nach kultureller Herrschaft! Aber nein, sie streitet für

---

1 Der von dem Schauspieler Jean Yanne geprägte Aphorismus »Il est interdit d'interdire« war in Frankreich damals sehr beliebt. In Westdeutschland spielte er 1968 kaum eine Rolle. [A.d.Ü.]

nichts, ereifert sich über alles und wettert gegen Stars, Werke und Künstler. Das Zeitgeschehen schäumt über vor unsinnigen Kampagnen, die im Namen der kulturellen Aneignung geführt werden. Man rebelliert gegen Rihanna wegen ihrer angeblich »afrikanischen« Zöpfe; man ruft dazu auf, Jamie Oliver zu boykottieren, weil er einen »jamaikanischen Reis« kreiert hat; in Kanada fordern Studenten die Streichung eines Yogakurses, um sich bloß nicht die indische Kultur »anzueignen«; an amerikanischen Universitäten fahnden sie nach asiatischen Menüs in der Mensa. Indessen weigern sie sich, große klassische Werke zu studieren, da diese »beleidigende« Passagen enthielten.

An der Universität regiert der Essens- und sogar der Gedankenterror. Man nimmt Anstoß am geringsten Widerspruch, der als »Mikroaggression« wahrgenommen wird, was so weit geht, dass man »Safe spaces« fordert: sichere Räume, in denen die Leute unter sich bleiben und lernen, dem Anderssein und der Debatte zu entfliehen. Selbst das Rederecht wird einer Genehmigungspflicht unterworfen, je nach Geschlecht und Hautfarbe. Eine Einschüchterung, die bis zur Entlassung von Professoren geht.

Frankreich hält sich noch ziemlich gut. Doch gehen auch in diesem Land bereits Gruppen von Studenten gegen Ausstellungen und Theaterstücke vor, um deren Aufführung zu unterbinden oder einen Redner, der ihnen missfällt, am Reden zu hindern. Manchmal zerreißen sie auch seine Bücher: Autodafés, die an das Schlimmste erinnern.

Diese Kulturpolizei geht von keinem autoritären Staat aus, sondern von der Gesellschaft und insbesondere von einer Jugend, die »aufgeweckt« sein will, weil ultraempfindlich gegen jedwede Ungerechtigkeit. Was großartig wäre, wenn sie dabei nicht auf Unterstellungen und inquisitorische Methoden verfiele. Die Millenials gehören weithin einer identitären Linken an, die den wesentlichen Teil der antirassistischen Bewegungen und der LGBTI-Szene beherrscht und sogar den Feminismus spaltet. Ohne einen Aufschrei wird ihr kultureller Sieg vollständig sein. Der Einfluss ihrer Netzwerke auf Gewerkschaften, Fakultäten und politische Parteien wird größer, und sie gewinnen die Oberhand über die Welt der Kultur. Ihre Kabale lasten immer schwerer auf unserem geistigen und künstlerischen Leben. Selten bringt jemand den Mut auf, ihnen zu widersprechen. Obschon wir in einer ungemein paradoxen Welt leben, in der die Freiheit zu hassen nie so zügellos war wie in den sozialen Netzwerken, wurde allerdings das Reden und Denken im wirklichen Leben nie so sehr überwacht. Einerseits blüht, dank Nachgiebigkeit und Deregulierung, das Geschäft mit der Aufstachelung zum Hass, zur Lüge und zur Desinformation wie noch nie, geschützt im Namen der Redefreiheit. Andererseits genügt es, dass eine kleine Gruppe von Inquisitoren sich für »beleidigt« erklärt, um Entschuldigungen eines Stars oder die Zurücknahme einer Zeichnung, eines Produkts oder eines Theaterstücks zu erwirken. Diese Streitigkeiten markieren den wirklichen Bruch sowohl inmitten des Antirassismus als auch zwischen den Generationen.

Gestern kämpften Minderheiten gemeinsam gegen Ungleichheiten und patriarchale Herrschaft. Heute kämpfen sie, um herauszufinden, ob der Feminismus »weiß« oder »schwarz« ist. Der Kampf der »Rassen« hat den der Klassen verdrängt. Die Frage: »Von wo sprichst du, Genosse?«, die der gesellschaftlichen Klassenlage entsprechende Schuldgefühle erzeugen sollte, hat sich in Identitätskontrolle verwandelt: »Sag mir, welcher Herkunft du bist, und ich werde dir sagen, ob du reden darfst!«

Weit entfernt davon, die ethnisierenden Kategorien der suprematistischen Rechten in Abrede zu stellen, bestätigt die identitäre Linke sie und schließt sich selbst darin ein.

Statt Vielfalt und Mischung zu erstreben, zerteilt sie unser Leben und unsere Debatten in »rassifiziert« und »nichtrassifiziert«, bringt die einen Identitäten gegen die anderen auf und setzt schließlich die Minderheiten in Konkurrenz zueinander. Statt sich eine neue, mannigfaltigere Welt vorzustellen, ergeht sie sich in Zensur. Das Ergebnis ist ein geistiges und kulturelles Ruinenfeld, das den Nostalgikern der Herrschaft zu Gute kommt.

Dieses Buch mag hoffentlich dazu beitragen, einen Ausweg zu finden.[2] Es geht nicht darum, die guten alten Zeiten zu bedauern, in denen man sich an Homosexuellen, Schwarzen oder Juden auslassen durfte; noch darum, denjenigen Rückendeckung zu geben, die das Verlangen nach Gleichheit mit einer phantasierten »Tyrannei der Minderheiten« verwechseln. Ich habe das Recht zu lieben gegen homophobe Beschimpfungen behaupten müssen, die ich meine Kindheit und Jugend lang zu hören bekam. Meine ersten Schlachten schlug ich gegen Sexismus, Homophobie und Rassismus. Als Vorsitzende des Centre gay et lesbien habe ich für den Stammvater der »Ehe für alle« gekämpft. Um ihn zu verteidigen, ließ ich mich von irgendwelchen Schergen unter dem Ruf »dreckige Lesbe« verprügeln. Der Kampf für die Gleichheit hat mich geprägt, doch dem für die Freiheit bleibe ich innigst verbunden.

Wegen meiner Arbeit als Regisseurin und Journalistin, frühere Mitarbeiterin von *Charlie Hebdo*, fürchte ich um die Freiheit, schöpferisch tätig zu sein, zu denken, zu zeichnen und zu spotten. Sämtliche Facetten meiner Identität haben meine Analyse des Gleichgewichts genährt, das es in Sachen Redefreiheit und Gleichheit zu finden gilt.

---

2 Es folgt der schon in La Tentation obscurantiste (2006) formulierten Warnung, der Reflexion auf die Krise des Multiculturalismus in La Dernière Utopie (2009), und dem Aufruf zur Verteidigung der Redefreiheit in Éloge du blasphème (2015).

Eine Meute von Inquisitoren

Wie alle Stürme kommen die üblen Winde der modernen Inquisition zunächst in den sozialen Netzwerken auf. Als ein Ort der Freiheit ist das Internet zugleich der Ort aller Unterstellungen. Dort wettert man anonym los und lyncht beim geringsten Verdacht. Eine Meute wütender Trolle, die die Philosophin Marylin Maeso »die Verschwörer des Schweigens«[3] nennt, schafft es, uns einen Maulkorb anzulegen. Wir erleben den Anbruch einer »Silhouettenwelt«, einer Welt des falschen Scheins, vor der es Albert Camus grauste.[4] Allenthalben herrscht die Tyrannei der Beleidigung, die dem Gebot des Schweigens vorausgeht.

Man braucht nur »kulturelle Aneignung« – ein Begriff, der sich seit erst zwölf Jahren in die öffentliche Debatte gedrängt hat – bei Google einzugeben, um 40.200.000 Treffer zu zählen. Eine Sintflut.

Die ersten Hetzjagden haben um die Jahrhundertwende begonnen. Eines schönen Morgens im November 2012 fand sich Heidi, eine amerikanische Familienmutter, im Internet mit Beschimpfungen überschüttet. Ihr Vergehen? Eine Geburtstagsfeier ihrer Tochter in japanischem Stil veranstaltet zu haben. Am Vorabend hatte sie Kirschblüten

---

3 Marylin Maeso, Les Conspirateurs du silence, Paris 2018.
4 Albert Camus, Das Jahrhundert der Angst (Le siècle de la peur, 1948), Weder Opfer noch Henker (Ni victimes ni bourreaux, 1946). [Beide Essays erschienen in der von Camus selbst herausgegebenen Zeitschrift *Combat*. A.d.Ü.]

auf dem Tisch verstreut, Tee in traditionellen Tassen serviert und das Besteck durch feine Stäbchen ersetzt. Die Freundinnen ihrer Tochter liebten es, Kimonos überzuziehen und sich wie Geishas zu schminken. Und natürlich hatten sie dieses Ereignis mit ihren Mobiltelefonen unsterblich gemacht, ehe sie die Fotos in den sozialen Netzwerken ausstellten. Eine schlechte Idee: Eine Meute wütender Kommentatoren lud sich selbst zur Nachfeier ein, um das Fest zu verderben und die Mutter öffentlich anzuprangern.

Im Internet wurde sie des »Yellowfacing« bezichtigt, als ob das Auftragen von Geisha-Schminke zu einem Geburtstag auch nur das geringste mit der Zeit der Rassentrennung oder damit zu tun hätte, dass weiße Schauspieler sich als Schwarze verkleiden, um sich auf der Bühne über sie lustig zu machen. Man warf ihr vor, ihre Tochter schlecht zu erziehen: »Bringen Sie Ihren Kindern bei, dass das nicht okay ist!« Die sich im Internet als Beleidigte zu Wort meldeten, waren natürlich alle Amerikaner. Die seltenen Nebenkläger japanischer Herkunft erklärten sich angesichts dieser Reaktionen für unzuständig.

Einer von ihnen, der auch in Japan lebte, versteht den Furor der Entrüstung nicht, die jener Mutter entgegenschlug: »Die einzigen Menschen, die denken, Kultur dürfe nicht geteilt werden, sind Rassisten wie du.« Er selbst meinte, »eine große Mehrheit der Japaner liebt es, wenn andere sich um eine Wertschätzung der japanischen Kultur bemühen. Sie ermutigen sie dazu.« So sahen das auch andere: »Diese Feier ist eine Form, eine andere Kultur zu erfahren.«

Verdutzt durch die enorme Vereinfachung des amerikanischen Inquisitors, fragte ein anderer Japaner: »Wo ziehst du die Grenze dessen, was ›erlaubt‹ ist? Wenn das Mädchen japanische Wurzeln hätte, wäre es dann okay? Bist du nur dann befugt, eine Pizza zuzubereiten, wenn du in Italien lebst?«

Die Frage trifft den Nagel auf den Kopf. Aber die Meute jagt einem Angst ein. In Furcht und Schrecken versetzt durch die Vorstellung, sie könnten wie Heidi beschimpft werden, erkundigten sich immer mehr Eltern, was an Halloween zu tun korrekt sei. Im selben Jahr fragte eine andere Mutter in den sozialen Netzwerken ihre Freunde, ob sie einen »Vaiana«-Abend veranstalten dürfe, in Anspielung auf den Zeichentrickfilm, der die berühmte polynesische Heldin würdigt. Sie stellte klar, dass in ihrer Familie alle »sehr weiß und sehr blond« seien. Sogleich sprang einer als Familienoberhaupt ein und verfügte, unter der Bedingung, dass die Kleinen sich kein »brown face« aufsetzen, sei die »kulturelle Feier« keine »Aneignung«. Eine andere Mutter bemerkte, sie sehe viele kleine Mädchen, die sich zu Halloween wie Frida Kahlo verkleiden, und fand das »nicht respektlos«. Sie hoffte bloß, dass diese kleinen Mädchen wissen, wer die Malerin war, und »dass sie sich nicht auf eine zusammengewachsene Augenbraue und schöne Blumen beschränken«. Nichts ist weniger gewiss. Im Land der Unterstellung kultureller Aneignung ist die allgemeine Kultur diejenige, die man sich am wenigsten aneignet.

Wie ist ein solches Aufflackern von Anschuldigungen zu erklären? Der Funke rührt aus einer sehr konfusen Vorstellung von Antirassismus. Das Ausmaß der Lynchjustiz verdankt sich unserer neuen Art zu debattieren und dem Phänomen der Meute 2.0. Mit den sozialen Netzwerken gibt es keinen Bedarf mehr an Bewegungen, kein Bedürfnis mehr, Spruchbänder zu basteln oder auf die Straße in die Kälte hinauszugehen, um zu protestieren. Man kann meckern und dabei schön im Warmen bleiben, geschützt durch Anonymität. Die Anlässe zur Empörung sind folgerichtig viel zahlreicher und manchmal auch nichtiger. Wir nehmen uns nicht mehr die Zeit, etwas zu verdauen oder Luft zu holen, ehe wir losschreien. Bei der geringsten Meinungsverschiedenheit, beim geringsten Stich in unsere Haut, und sei er noch so mikroskopisch klein, heulen wir mit einem Griff in die Tastatur auf, zumal wenn ein virtueller »Freund« oder ein Angehöriger unserer Sippe die Klage führt. Wir schließen uns an, indem wir mit unseren empörten Schreien in den Kreis der Beleidigten einstimmen.

Selten hat unsere virtuelle Identität unsere wirkliche so sehr bestimmt. Dem Philosophen Clément Rosset zufolge erlaubt die »geliehene Identität«, diese »Nachahmung des anderen«, die Bildung der eigenen Persönlichkeit.[5] Die jetzige Generation bildet sich hauptsächlich durch Nachahmung derer, die andere im Internet lynchen. Man beteiligt sich mit umso mehr Elan, als die Meute einen schützt, und das mit so viel Begeisterung, dass es genügt, »beleidigt« oder »Opfer« zu sagen, um Aufmerksamkeit zu erregen. Als Funke reicht ein einziges Posting über kulturelle Aneignung, um sich Freunde zu machen und sich selbst mitten ins Geschehen zu werfen. Die Anzahl der Wölfe spielt kaum eine Rolle, denn die Legitimität verdankt sich dem Status des Opfers. Nichts ruhmreicher, als der David zu sein, der gegen Goliath kämpft.

Dieses neue Kräfteverhältnis erweist sich als recht angenehm, wenn es darum geht, Ungerechtigkeit oder multinationale Konzerne zu bekämpfen, Diktatoren zu trotzen und Tyrannen zu stürzen. Die Kehrseite der Medaille ist die Inflation absurder und unverhältnismäßiger Kampagnen gegen Familienmütter, Prominente oder Künstler.

5 Clément Rosset, Loin de moi, Paris 1999, S. 41.

Die digitale Interaktivität zwingt die Online-Presse, auf alles stets ganz schnell zu reagieren, mit immer weniger Zeit zum Nachdenken. Sobald auch nur die kleinste »Geschichte« eine Minderheit gegen eine Mehrheit in Szene setzt, findet sich eine Website, ein Blog oder selbst ein reguläres Medium, um das Fieber rasch steigen zu lassen. Die Journalisten der Online-Redaktionen sind darauf besonders scharf. Aus einem einfachen Grund: Über ein solches Thema kann man in kurzer Zeit spielerisch leicht schreiben, und es ruft Reaktionen hervor. Ideal in Zeiten des »Clickbaiting«, um den Zähler der Seitenbesuche nach oben klettern zu lassen und so die Ressourcen einer wirtschaftlich schwachen Presse aufzubessern.

Zieht man zudem in Betracht, dass ein freier Journalist, häufig ein Volontär, nicht mehr die Zeit hat und selbst auf Anhieb nicht mehr in der Lage ist, das *Bedeutende* vom *Unbedeutenden* zu unterscheiden, begreift man, warum so viele Artikel der geringsten Erregung gewidmet sind, erst recht wenn es sich um Berühmtheiten handelt. Was nicht weiter schlimm wäre, wenn die Wut nicht völlig gekünstelt wäre und wenn die Meute, in Wirklichkeit manchmal nur winzige Grüppchen, sich nicht fast jedes Mal durchsetzte. Und das bedeutet Entschuldigung oder Zensur.

Kulturelle Aneignung,
die neue Gotteslästerung

Eine Anekdote brachte mich darauf, dieses Buch zu schreiben. Ich erhielt einen Anruf meiner Freundin Tania de
Montaigne. Wir hatten eine Buchreihe auf den Weg gebracht, die wir mit Fiammetta Vener bei Grasset betreuen:
»Unsere Heldinnen«. Sie soll vergessene Frauen wieder
zum Leben erwecken: eine wahrhaft feministische Relek-
türe der Geschichte. Tania wählte Claudette Colvin, eine
der ersten schwarzen Frauen, die sich geweigert hatten, ihren Platz in einem Bus einem Weißen zu überlassen, lange
vor Rosa Parks.

Mit diesem Buch, das auch einen Aufsatz von ihr enthält,
zog Tania durch Schulklassen, um zugleich Rassismus und
kulturelle Zuschreibung zu bekämpfen.[6] Als sie mich anrief, wurde es gerade für die Bühne bearbeitet und sollte
bald als Comic herauskommen. Ein Erfolg, der ihr zu hoffen erlaubte, Leuten die Augen zu öffnen. Doch es bildete
sich eine unerwartete Front. Ich vernahm ihre Stimme und
erkannte die Verdrossenheit wieder, die uns eint angesichts
derjenigen, die die Welt nur nach Hautfarben betrachten,
seien sie weiß oder schwarz.

»Sie wollen das Buch nicht *Schwarz* nennen«, sagte sie
mir niedergeschlagen.

»Wer?«

---

6 Tania de Montaigne, L'Assignation. Les Noirs n'existent pas, Paris
2018.

»Eine Verkaufsleiterin des Verlags, der den Comic herausgibt. Sie sagt, man könne es wegen des Verkaufs der englischsprachigen Ausgabe nicht *Schwarz* nennen.«

»Aber warum? Das ist der Titel des Buches.«

»Weil die Zeichnerin weiß ist. Sie fürchten, man werde mich der kulturellen Aneignung bezichtigen.«

»Ist das ein Witz?«

»Ich wünschte, du hättest recht.«

Wir brachen in Gelächter aus. Ein Gelächter allerdings, dem nach Heulen zumute ist.

»Aber die Autorin bist du, und schließlich handelt das Buch doch von antischwarzem Rassismus… Wie wollen sie es nennen… *Weiß*?!«

»Jedenfalls nicht *Schwarz*.«

Wir legten auf in der Überzeugung, dass diese Welt verrückt geworden ist, zum Bersten identitär. Machen wir uns einmal klar, dass solche Panikmache häufig von weißen Angestellten ausgeht, die den geringsten Zorn voraussehen. Dieses Mal, zum Glück, bewahrte die Verlegerin ruhig Blut und gab den Autorinnen recht. Das Buch durfte also *Black* heißen. Wir waren beruhigt. Zumindest ein bisschen.

Gleichwohl versuche ich, den Beginn der Panik zu begreifen. Ich hätte verstanden, dass das Wort »schwarz« in einer Sprache, in der man gewöhnlich »afroamerikanisch« sagt, Probleme bereitet.[7] Doch darum geht es nicht. Hier fürchtet man, dass eine weiße Zeichnerin einen Band

---

7 In Frankreich stammen viele Menschen, die sich selbst als schwarz bezeichnen, eher von den Antillen als aus Afrika, oder sie sind das Ergebnis einer Mischung. Das Wort »schwarz«, wie unzulänglich es immer sei, wird weiterhin benutzt, ohne dass es jemanden schockierte, im Gegensatz zum Wort »Neger«, das eindeutig rassistisch ist und aus dem alltäglichen Wortschatz verbannt wurde.

gegen antischwarzen Rassismus unterzeichnet. Als ob ihre Hautfarbe es ihr untersagte, sich mit diesem Thema zu befassen.

Ich meine durchaus, man sollte sich in Acht nehmen vor Leuten, die mit dem Antirassismus unaufrichtig Geschäfte machen. Sie sind zahlreich, und nicht allesamt weiß. Ich verstehe, dass man Rachel Dolezal, einer Aktivistin, die sich selbst gegen kulturelle Aneignung ausspricht, vorwerfen kann, dass sie den Eindruck zu erwecken suchte, sie sei eine Afroamerikanerin, während sie durch und durch WASP ist, und dass sie ihre Haut gebräunt hat, um als Opfer des Rassismus durchzugehen, den sie anprangert. Dennoch sollten Weiße sich befugt fühlen dürfen, Bücher gegen Rassismus zu publizieren oder zu illustrieren, ohne dass man ihnen ihre Hautfarbe zum Vorwurf macht.

Das Ziel des Antirassismus besteht letztlich nicht darin, ein Opferdasein zu fristen, sondern die Vorurteile aus der Welt zu schaffen. Wie will man darauf hoffen, die Stereotype zu überwinden und den Kreis der Aufgeklärten zu erweitern, wenn man weiterhin den alten Reflex bedient, der die Menschen und deren Gemüt entsprechend ihrer Hautfarbe beurteilt?

Im Falle dieses Comics steckte die weiße Zeichnerin Émilie Plateau ihr ganzes Herz und all ihr Talent in diesen Band nicht in der Hoffnung, reich zu werden (was im französischen Verlagswesen selten vorkommt), sondern weil dieser Text sie berührt hat und weil sie dementsprechend handeln wollte. Wenn sie einen Comic nach einem Text der auf dem Umschlag ebenfalls namentlich genannten Tania de Montaigne veröffentlicht, eignet sie sich deren Werk nicht an, und wenn doch, dann um sie zu würdigen. Genau so eignet Tania sich das Leben und den Schmerz von Claudette Colvin an, nicht um sie zu bestehlen, sondern um sie der jungen Generation bekannt zu machen.

Eine solche Aneignung ist absolut notwendig. Es handelt sich um eine Teilhabe, die weder mit Raub noch mit kultureller Aneignung etwas zu tun hat: ein Schlagwort, das dazu missbraucht wird, Schranken zwischen Menschen zu errichten und sie zurechtzuweisen, wenn sie ihre Werke nicht zensieren.

Hält man sich an das Englisch-Oxford-Wörterbuch, bezeichnet kulturelle Aneignung die »Wiederaufnahme von Formen, Themen oder kreativen oder künstlerischen Praktiken durch eine kulturelle Gruppe zum Nachteil einer anderen«. Ursprünglich geht es dabei um die »westliche Aneignung nicht-westlicher oder nicht-weißer Formen zum Zwecke der Ausbeutung oder Herrschaft«. Der Artikel des Oxford-Wörterbuchs nennt als genaues und überzeugendes Beispiel westliche Museen, die Kunstwerke ausbeuten, die sie oft unter zweifelhaften Bedingungen erworben haben, wie etwa die Bronzen von Benin. In diesem Fall ist die Aneignung tatsächlich keine Würdigung, sondern ein Raub.

Der Vorwurf der Aneignung behält seinen Sinn, wenn man sich an die genaue Definition des Oxford-Wörterbuchs hält, nämlich die Absicht, auszubeuten oder zu beherrschen. Dies ist der Fall bei Werken, die während der Kolonialzeit geraubt wurden: ein afrikanisches Erbe, das Frankreich erst schrittweise zurückerstattet. Die Debatte wird jedoch abwegig, wenn man eine solche Aneignung überall zu erkennen meint, selbst wenn die Absicht schlicht darin besteht, die kulturelle Vielfalt zu preisen. Das geht so weit, dass man Anleihen oder Mischformen in der Musik, in der Küche oder in der Mode ablehnt, den Wettstreit der Ideen erstarren lässt und das künstlerische Schaffen schikaniert.

Diese Wendung verdankt sich zunächst dem separatistischen Radikalismus des Black Feminism, doch nicht nur ihm. Man findet eine solche Verschiebung – oder sollte man von Aneignung sprechen? – auch bei einer mächtigen und bekannten weißen Rechtsanwältin namens Susan Scafidi wieder. Sie ist Professorin an der Fordham University in New York, und ihr Spezialgebiet ist der Schutz von Mode und Designern vor Leuten, die sie kopieren. Ihr kommerzielles Verständnis leitet sich vom Begriff der kulturellen Aneignung her. Diesem wiederum schneiderte sie in ihrem 2005 erschienenen Buch *Wem gehört die Kultur?*, auf das andere sich später beriefen, ein allzu großes Kostüm.

Ausgehend von einem ihrem Fach gemäßen Verständnis von Copyright entfernt sich ihre Definition bald von der genauen Bedeutung, die das Oxford-Wörterbuch umreißt. Scafidi zufolge bezeichnet kulturelle Aneignung einen Vorgang, bei dem jemand »geistiges Eigentum, traditionelles Wissen, kulturelle Ausdrucksformen oder Artefakte der Kultur eines anderen ohne dessen Erlaubnis an sich reißt«. Mir nichts, dir nichts haben wir in ein paar Worten die *Absicht*, auszubeuten oder zu beherrschen, verloren. Auf die aber kommt es an.

Fortan genügt es, dass eine Gruppe bei der »Kultur einer anderen« Anleihen macht, um somit den Tatbestand kultureller Herrschaft zu erfüllen. Darin inbegriffen, der eben zitierten Anwältin nach, »die nicht-autorisierte Adaption eines Tanzes, einer Art sich zu kleiden, Musik, Sprache, Folklore, Küche, traditioneller Musik und religiöser Symbole«, »heiliger Gegenstände«, die in den Rang unantastbarer Kultur erhoben werden. Im Namen solcher Ehrerbietigkeit sah die Unterwäschemarke Victoria's Secret sich dem Vorwurf ausgesetzt, ihren Models für heilig befundene indianische Kopfbedeckungen aufgesetzt zu haben.

In einer ganz anderen Tonlage, wiewohl derselben Logik folgend, spricht man den atheistischen Zeichnern von

Charlie Hebdo das Recht ab, Mohammed darzustellen, denn damit begingen sie die doppelte Sünde der Gotteslästerung und der kulturellen Aneignung. Weshalb es ihnen passieren kann, dass sie von Fanatikern und gewissen Antirassisten gemeinsam an den Pranger gestellt und auf einem öffentlichen Platz gelyncht werden, ehe man sie ermordet.

Als ahnte sie, die Büchse der Pandora geöffnet zu haben, stellt Susan Scafidi immerhin klar, dass es »wahrscheinlich keinen Schaden anrichtet, wenn die ursprüngliche Gemeinschaft eine Minderheit ist, die unterdrückt oder ausgebeutet wurde, oder wenn der Gegenstand der Aneignung besonders empfindlich ist, wie dies bei heiligen Gegenständen der Fall ist«.[8] Wenn man es genau liest, bleibt dennoch die kulturelle Würdigung potentiell als Aneignung klassifiziert, nur als eine weniger schwerwiegende.

Diese Nuance hat allerdings in einer Epoche, in der die sozialen Netzwerke durchdrehen, keine Chance, beachtet zu werden. Die Tür steht allen Exzessen offen. Da das Kriterium nicht mehr die *Absicht* ist – ausbeuten oder beherrschen zu wollen –, wird selbst nur die Vermischung kultureller Einflüsse verdächtig. Die identitäre Linke hat soeben eine neue, der Gotteslästerung sehr nahekommende Unterstellung erfunden.

---

8 Susan Scafidi, Who Owns Culture? Appropriation and Authenticity in American Law, New Brunswick (New Jersey) 2005.

Madonna auf dem Scheiterhaufen

»Like a Prayer« befeuerte die Vorstellungswelt meiner Jugend. In diesem Videoclip schwingt die Madonna der Popmusik die Hüften wie eine Gospelsängerin in einem purpurfarbenen Kleid, das weit genug ausgeschnitten ist, sie ins Verderben zu stürzen. Indem sie den brennenden Kreuzen des Ku Klux Klan trotzt, befreit sie einen zu Unrecht eingesperrten schwarzen Christus aus seinem Gefängnis und küsst ihn ungestüm: ein glühendes, beinahe liturgisches Manifest gegen Rassismus. Der religiösen und suprematistischen Rechten galt sie darum als schwarze Bestie.

Das war im Jahr 1989, dem Jahr etlicher Scheiterhaufen, der Rushdie- und der Scorsese-Affäre.[9] Christliche Fundamentalisten verurteilten den Film *Die letzte Versuchung Christi* wegen Gotteslästerung zur Verbrennung. Ein Kino in Saint-Michel mitten in Paris wurde sogar angezündet. »Like a Prayer« wirkte wie ein Feuerball. Der Papst persönlich rief zum Boykott Madonnas auf, entfesselte Katholiken übten Druck auf die Sponsoren der Sängerin aus,

9 Der Roman The Satanic Verses (Die satanischen Verse, 1988) des indisch-britischen Schriftstellers Salman Rushdie wurde, da er den Propheten Mohammed beleidige, im Februar 1989 vom iranischen Ajatollah Chomeini mit einer Fatwa belegt, die jeden Moslem berechtigt, ja verpflichtet, den Autor zu töten. Das Verdikt gilt noch heute, das Kopfgeld beträgt inzwischen fast vier Millionen Dollar. Gegen den nachfolgend erwähnten Film The Last Temptation of Christ (USA 1988) von Martin Scorsese protestierten erzürnte Christen in aller Welt, allerdings ohne den Regisseur töten zu wollen. Nebenbei: Rushdie ist Moslem, Scorsese Katholik. [A.d.Ü.]

Pepsi zog sich aus ihrer Tournee zurück. Madonna machte sich darüber lustig. Wie von einem Heiligenschein aus Schwefel umgeben, lag ihr Hit unangefochten an der Spitze der Charts weltweit. In jener Epoche war man vernarrt in Provokationen, die die Verklemmten ärgerten. Nichts rockte mehr, als zum Scheiterhaufen verurteilt zu werden.

Dreißig Jahre später: andere Schallplatte, andere Epoche. Diesmal steht Madonna nicht mehr auf dem Index der Konservativen wegen Gotteslästerung, sondern auf dem der Fortschrittlichen wegen kultureller Aneignung, und zwar wegen einer verunglückten Hommage an Aretha Franklin während der Verleihung der MTV Awards.

Die Königin des Soul war soeben verstorben. Die Königin des Pop aber betrat die Bühne in einer ausgefallenen Berbertunika, mit silbernem Schmuck und farbigen Armreifen behangen, die Stirn mit blonden Zöpfen geschmückt. Man warf ihr zunächst nicht so sehr ihre Kleidung vor als vielmehr die Art, wie sie über Aretha Franklin und sich selbst gesprochen hat. In einem langen, sehr langen Monolog erzählte sie von ihren Jahren voller Plackerei in Detroit, der Stadt, in der sie aufgewachsen war, ebenso wie Aretha Franklin. Ist es angemessen, die Ghettos zu vergleichen, in denen sie beide gelebt haben, wo es jedoch eine junge Schwarze sicherlich schwerer hatte als eine junge Weiße? Für Madonnas handelte es sich lediglich darum, ihre Gemeinsamkeiten in Erinnerung zu rufen. Doch die Anekdote hatte Folgen.

Nur mit Mühe ließ sich eine Verbindung zwischen ihrer Berberkleidung und den schicken, sehr westlichen Kleidern Aretha Franklins herstellen. Es gab nämlich keine. Es handelte sich einfach um den Zierrat von Madonnas letztem Album, die letzte Laune in Sachen Look. Diesen Look aber, mehr noch die angeblich »afrikanischen« Zöpfe, macht man ihr zum Vorwurf. Man mag sie in ihrem purpurfarbenen Negligé mit Recht sehr aufregend finden, muss man sie jedoch wegen kultureller Aneignung gleich lynchen? Wird man ihr von nun an vorwerfen, dass sie sich von anderen Kulturen inspirieren lässt? Welche Musik täte das nicht?

Kenan Malik, ein englischer Schriftsteller indischer Herkunft, war einer der ersten, die in der kulturellen Aneignung »eine säkularisierte Version der Gotteslästerung« erkannten.[10] Er plädiert für eine Vermischung in der Manier Elvis Presleys. Es sei noch gar nicht so lange her, erinnert er uns, dass weiße Radiosender sich weigerten, Stücke der Pioniere des Rock'n'Roll wie Chuck Berry zu spielen, da sie als »ethnisch« klassifiziert wurden. Dann kam der King. Der weiße Rockmusiker hat den Rock demokratisiert und aus dem Ghetto herausgeholt. So ungerecht es auch sein mag, erst indem er sich dieser Musik bediente, machte er schließlich die Leistung schwarzer Rockmusiker bekannt. »Stellen wir uns vor, man hätte es Elvis ausgeredet, sich diese sogenannte schwarze Musik anzueignen. Hätte dies den Rassismus oder die Jim-Crow-Gesetze[11] zurückgedrängt? Gewiss nicht«, hält Malik fest.

Die musikalische Rassentrennung hat niemals auch nur das geringste Vorurteil zurückgedrängt. Im Gegenteil ist es die Mischung, ihrerseits ein Quell der Kreativität, die es gestattet, eine gemeinsame Welt zu komponieren. Ebenso warf man den Rolling Stones vor, das Repertoire der dabei im Schatten bleibenden schwarzen Bluesmusiker geraubt

---

10 Kenan Malik, In Defense of Cultural Appropriation, *The New York Times*, 14. Juni 2017.

11 So nennt man, nach einer rassistischen Bühnenfigur namens Jim Crow, die nach dem Bürgerkrieg im späten 19. Jahrhundert in einigen US-Bundesstaaten, vor allem im Süden, gesetzlich wiedereingeführte Rassentrennung, die erst 1965 vollständig aufgehoben wurde. [A.d.Ü.]

zu haben. Muddy Waters, der zu den »Beraubten« gehört, hat darüber den genialen Satz gesagt: »Sie haben mir meine Musik gestohlen, doch mir meinen Namen gegeben.« Ohne die Stones hätte der Blues die Pforten des Ghettos niemals überwunden. In welcher Welt würden wir leben, wenn der Blues als eine »schwarze Musik« betrachtet und nur von »schwarzen« Radiosendern gespielt worden wäre? Wie sähe der Pop aus, wenn Madonna nicht vom Voguing (einer Bewegung aus der Schwulenszene und den Ghettos der Latinos) oder vom Gospel inspiriert worden wäre? Wenn sie auf ihre Kritiker gehört und sich solchermaßen beschränkt hätte?

Ein Glück für uns, dass Madonna sich darüber lustig machte. »Oh, they can kiss my ass«, erklärte sie gegenüber der *Huffington Post*: »Ich eigne mir überhaupt nichts an. Ich lasse mich inspirieren und beziehe mich auf andere Kulturen. Das ist mein Recht als Künstlerin. Man sagt, Elvis Presley habe die afroamerikanische Kultur gestohlen. Doch das ist unser Job, wir Künstler müssen die Welt durcheinanderbringen und die Leute irritieren, auf dass sie sich verpflichtet fühlen, alles zu überdenken.« Erfolgreich gesendet.

Madonna kann sich das erlauben. Sie hat ein paar Jahre auf dem Buckel, sie hat die Mittel und zudem eine erfüllte Karriere hinter sich. Welche junge Sängerin hätte noch diesen Mut? Im Gegensatz zu den Hexenjagden, die man zu Zeiten von »Like a Prayer« veranstaltete, werden die Steine der kulturellen Aneignung von jungen Liberalen geworfen, die, nicht mehr allzu »rockig«, beim geringsten Verdacht lynchen und boykottieren. Kein junger Künstler und erst recht keine Marke kann es sich mehr erlauben, die zahlreichen Ukasse zu ignorieren. Beim geringsten negativen *buzz* ist eine Plattenfirma verpflichtet, sich in Entschuldigungen zu ergehen.

Manchmal verfolgen diese Prozesse die Künstler bis ins Grab. Man denke an Johnny Clegg, den afrikanischsten der weißen südafrikanischen Sänger. Der Autor des mythischen »Asimbonanga« – ein Lied gegen Apartheid, bei dem Nelson Mandela zu swingen begann –, bekam bei seiner Beerdigung lauter Blumen. Als der ANC ihm eine ergreifende Hommage darbrachte, fanden sich französische und amerikanische Aktivisten ein, um ihn anzuklagen, er habe von kultureller Aneignung gelebt.

Wahrhaftig, es ist nicht gut, eine andere Kultur zu lieben, wenn ihr weiß seid. So schreibt die Essayistin Fatiha Boudjahlat: »Wenn ihr nicht liebt, seid ihr rassistisch. Wenn ihr liebt, seid ihr rassistisch.« Sie kommt zu dem Schluss, dass wir uns in einer ausweglosen Sackgasse befinden, in einer völlig durcheinander geratenen Welt. »Heutzutage würde man Mandela für einen Hausneger halten.«

Verfluchte Zöpfe

Man kann die Leute nicht mehr zählen, die gezwungen sind, Entschuldigungen vorzubringen, weil sie es gewagt haben, eine Afrofrisur, Dreadlocks oder bloß angeblich »afrikanische« Zöpfe zu tragen. Obgleich sie es gewohnt ist zu provozieren, erstarrte Kim Kardashian unter einer Tracht Prügel, die sie für ein Photo hatte einstecken müssen, das sie mit blonden Zöpfen zeigt und mit »Bo West« unterschrieben ist. Eine Anspielung auf die Schauspielerin Bo Derek, die das Glück hatte, aus der Mode zu kommen, ehe die Epoche der Unterstellung kultureller Aneignung anbrach. Pharrell Williams war nicht mehr so »happy«, nachdem er sich unmöglich gemacht hatte, weil er auf dem Titelbild der Zeitschrift *Elle* mit einer indianischen Frisur aufgetreten war. Ein afroamerikanischer Sänger darf sich nicht mit einem Indianer verwechseln… Lana Del Rey entging nur knapp einer Steinigung, weil sie in ihrem Kurzfilm *Tropico* die Codes der Chola-Ästhetik aus dem Universum der Latino-Ghettos aufgegriffen hatte. Sie alle haben ihr Bedauern ausgedrückt.

Der Preis für die pathetischste Entschuldigung gebührt der Sängerin Katy Perry; auch sie hat auf einem Photo auf Instagram mit blonden Zöpfen posiert. Ihr Look erinnert jedoch vielmehr an eine ukrainische Frisur, oder allenfalls an die strenge Khaleesi, die Drachenmutter aus *Game of Thrones*. Doch da die Ukrainer zu sehr mit den Russen beschäftigt und die Dothrakis im wirklichen Leben nicht vertreten sind, verlangten die Profis in Sachen kulturelle Aneignung vielmehr, sie solle sich bei den Afroamerikanern entschuldigen.

Die unerfreulichen Kommentare im Internet häuften sich. Das Umfeld der Sängerin hatte ein reumütiges Interview mit einem Aktivisten der Bewegung »Black Lives Matter« gewünscht, in dem die Sängerin sich selbst live nahezu geißelte dafür, dass sie es gewagt hatte, trotz ihrer »Privilegien einer weißen Frau« solche Zöpfe zu tragen. »Das war nicht gut«, sagte sie bußfertig mit Tränen in den Augen. Ihr sei nicht bewusst gewesen, erzählte sie, wie schwer ihre Geste wiegt. Bis sie eine schwarze Freundin auf den rechten Weg zurückgeleitet habe: »Meine Freundin hat mir erklärt, was für eine Kraft in der afrikanischen Haarmode liegt, wie schön sie ist und wie viel Energie sie erfordert.« Schließlich erging man sich in der Verherrlichung der schwarzen Schönheit und verständigte sich darauf, dass weiße Frauen nicht die erforderliche Energie hätten… um ukrainische Zöpfe zu tragen?

Was dem Interview folgte, war noch erbärmlicher. Mit zitternder Stimme erklärte Katy Perry so ernst es irgend geht, dass die Farbe ihrer Epidermis sie daran hindere, sich mit einer schwarzen Frau zu identifizieren, die Zöpfe trägt: »Ich würde niemals verstehen können, was das bedeutet, aufgrund dessen, was ich bin. Aber ich kann versuchen, mich zu erziehen.« Eine Forderung nach Umerziehung, die der Aktivist von »Black Lives Matter«, dem sie das gestand, guthieß. Sie berührte ihn übrigens fortwährend wie ein Totem, um seine Zustimmung zu erlangen. Dazu muss man erwähnen, dass Katy Perry dieses Interview mit quasi abrasierten blonden Haaren gegeben hat, blond mit einem Stich ins Blaue. Die Schlümpfe aber erhoben keine Klage wegen kultureller Aneignung. Dasselbe Problem wie bei den Dothrakis: Sie sind im wirklichen Leben nicht vertreten.

Das Video dauert zwei unendliche Minuten, in denen man sich schrecklich unwohl fühlt. Die ganze Inszenierung ist niederschmetternd. So, würde man sagen, reden Angehörige einer Sekte. Eine Art umgekehrter Ku Klux Klan, wo die Zeremonienmeister junge weiße Mädchen lehren, sich niemals mit Schwarzen und deren heiligen Zöpfen zu identifizieren.

Die Hetzjagd macht bei den Frisuren nicht halt. Durstig nach Reinheit, verfolgen die Inquisitoren auch »Influencerinnen«, die so dreist sind, sich zu sehr zu bräunen oder ihren Hintern zu dick werden zu lassen, um eher »black« auszusehen. Diese Neigung wird als »nigger fishing« angeprangert. Diejenigen die posieren, indem sie über ihre wahre Herkunft täuschen, werden beleidigt und aufgefordert, ihre DNA offenzulegen.

Einst vermieden es die Weißen, sich zu bräunen, um bloß nicht wie Mestizen auszusehen. Man pflegte einen porzellanfarbenen Teint als ein Zeichen der Zugehörigkeit zur feinen Gesellschaft. Sollte man sich nicht freuen zu sehen, dass nun ein gemischter Teint in Mode kommt? Beweist das nicht, dass »Black is beautiful« triumphiert hat? Warum sich darüber beklagen? Bekämpfen sollte man besser Produkte, die die Haut weißen, sowie eine Mode, die darin besteht, die Haare in Unordnung zu bringen auf die Gefahr hin, sie zu ruinieren. Der Kampf gegen den Selbsthass ist sicherlich dringender als der gegen die Liebe zu den anderen.

Man würde darüber lachen, wenn diese Hetze im Internet nicht so viele Zeichen und so viele Tränen vergeudet hätte. »Dein Lieblingsstar ist problematisch«, eine Website, die sich Angriffen auf Lieblingsstars widmet, häufig wegen kultureller Aneignung, endete damit, dass sie ihre eigenen Leser nicht mehr unterstützte. Nachdem sie mehr als siebenundsiebzig Stars mit Steinen beworfen hatte, wurde sie eingestellt und hinterließ ihren Fans die Worte: »Get a life«.

Beruhigend, dass Leute im Internet schreiben, wie lächerlich ihnen diese Auseinandersetzungen erscheinen. In Frankreich sind es vielmehr diese Auseinandersetzungen selbst, die überhaupt erst zu Auseinandersetzungen führen. So zum Beispiel, als die Inquisitoren 2.0 die alberne Idee hatten, sich Camélia Jordana wegen ihrer Dreadlocks bei der César-Verleihung[12] vorzunehmen. An jenem Abend betrat die Komödiantin algerischer Herkunft, die auch Sängerin ist, die Bühne, um den César für die beste Nachwuchsdarstellerin entgegenzunehmen. Die Trophäe widmete sie ihrer Mutter, die die Schule zu früh hatte verlassen müssen, sowie all denen, die Hindernisse, zumal rassistische, zu überwinden haben. Diese Botschaft konnte die Polizisten des Look offenbar nicht bewegen. Im Gegensatz zu amerikanischen Stars aber hat Camélia Jordana sich nicht entschuldigt.

Der Modedesigner Marc Jacobs musste sich beugen, weil er seine Models mit Dreadlocks in allen Farben frisiert, verwuschelt und neu interpretiert hatte: »Ich entschuldige mich für den Mangel an Gespür, den ich, ohne es zu wissen, an den Tag gelegt habe.« Er fügte hinzu, er glaube an schöpferische Freiheit. Doch warum sich dann entschuldigen, da keine Absicht bestand, jemanden zu verhöhnen?

Wenn man der Mode etwas zum Vorwurf machen müsste, so wäre es der Mangel an Models in ihren Reihen, die gemischt, schwarz oder auch nur einigermaßen wohlauf sind, nicht das Kräuseln der Haare weißer Models. Die Afro-Mode auf den Laufstegen kann Generationen von Frauen ermutigen, damit aufzuhören, die Haare zu glätten

12 Der César ist der nationale Filmpreis Frankreichs. [A.d.Ü.]

oder kaputt zu machen! Das wäre eher ein Fortschritt. Doch der Fortschritt ist nicht das Ziel der für kulturelle Aneignung zuständigen Inquisitoren. Ihr Zweck ist, zu existieren, und das bedeutet heutzutage, sich für »beleidigt« zu erklären.

In einer solchen Haltung, einem Gewerbe nahezu, glänzt ganz besonders Rokhaya Diallo, die große Importeurin der Auseinandersetzungen um kulturelle Aneignung. Als politische Aktivistin, die gelegentlich auch für Schmuck Modell steht, versäumt sie keine Gelegenheit, sich »als schwarze Frau« zu empören, um sich sodann zu beklagen, auf ihre Hautfarbe reduziert zu werden. Entsetzt, Weiße mit Afro-Haarschnitt herumspazieren zu sehen, nimmt sie das Copyright für sich in Anspruch. Ihr Traum? Dass die afrikanischen Stylistinnen, ja sogar die afrikanischen Friseurinnen des Viertels Château d'Eau für ihre Haarschnitte entlohnt werden.[13] Man wüsste gern, wie genau der Prozentsatz aufzuschlüsseln sei. Sollte man nur die schwarzen Friseurinnen, alle schwarzen Frauen, die einen Afro-Haarschnitt tragen, oder nur die improvisierte Sprecherin entlohnen?

Etliche Kulturen erfreuen sich zierlicher Zöpfe, die sehr wahrscheinlich indischen oder ägyptischen Ursprungs waren, ehe sie afrikanisch oder jamaikanisch wurden. Warum und in wessen Namen sollten schwarze Frauen in den USA oder in Europa die einzigen sein, die ein solches Copyright beanspruchen können? Weil sie in den reichsten und mächtigsten Ländern wohnen? Ist das nicht eine Form des Kulturimperialismus? Tania de Montaigne, Autorin von *Die Zuweisung*, Untertitel: *Die Schwarzen existieren nicht*,[14] bekämpft dieses uniforme und exotische Bild von Identität

13 »Hommage ou pillage?« Ein Interview mit Rokhaya Diallo, geführt von Emmanuelle Courrèges, *L'Express Style*, 23. November 2016.
14 Siehe oben Anm. 6. [A.d.Ü.]

unermüdlich. Sie begreift nicht, dass man im Namen aller schwarzen Frauen so sprechen kann: »Zwischen Michelle Obama und einer eritreischen Migrantin weiß ich nicht, was eine schwarze Frau ist!«[15]

Eine solche Spitzfindigkeit ist den Inquisitoren der neuen Generation entgangen, jedenfalls einer von Studentinnen des Pariser Instituts für politische Wissenschaften (Sciences Po) gegründeten Gruppe: den »SciencesCurls«. Diese Aktivistinnen schlagen sich nicht, um den Planeten und gefährdete Arten zu schützen oder Ungleichheiten zu mindern. Nein, sie setzen andere Prioritäten, nämlich »die bei Sciences Po marginalisierten und diskriminierten Schönheiten zu fördern, quer durch das Spektrum des gestalteten Haars.« Die extreme Rechte ist überall in Europa auf dem Vormarsch, fast jeden Monat werden Attentate von weißen Suprematisten oder Islamisten verübt, das Klima verändert sich, doch die existenzielle Angst, die es in ihren Augen verdient, eine Gruppe zu bilden, gilt *ihren* zurechtgemachten Haaren. Und dem an weiße Frauen gerichteten Verbot, sich wie sie zu frisieren.

Die Gründerin der Gruppe findet es total »beleidigend«, dass eine Weiße sich das Haar kräuseln oder Zöpfe flechten lassen darf: »Es ist beleidigend, weil die kulturellen Realitäten völlig verwischt und zu einem Vergnügen gemacht werden. Meine Kultur wird sozusagen zu einer Verkleidung. Das bedeutet, dass jemand in sie hineingehen und wieder herauskommen kann, das ist extrem verletzend.« Nachdem man diesen Satz gelesen hat, überlegt man, welcher Superlativ an die Apartheid oder die Rassentrennung heranreichen könnte. Auf der Richterskala der zarten Haut scheinen alle Dramen gleichermaßen schwerwiegend, mag es sich um einen Genozid oder um einen

15 Im Gespräch mit Clément Pétreault, *Le Point*, 24. Mai 2018.

Haarschnitt handeln. Am fürchterlichsten bleibt die Angst vor kultureller Vermischung. Als »extrem verletzend« wird die Möglichkeit erachtet, dass jemand in eine Kultur »hineingeht« und wieder »herauskommt«. Als handle es sich um eine Vergewaltigung und nicht um eine Vermischung.

Traumatisiert von der Vorstellung, dass Weiße sich einen Afro-Haarschnitt zulegen, finden es dieselben Leute aber normal, dass weiße Studentinnen zum »Hijab Day« einen islamischen Schleier anprobieren. Diese von fundamentalistischen Kreisen ausgehende Initiative haben Studentinnen der Sciences Po aufgegriffen und ihren Genossinnen vorgeschlagen, sich einen Tag lang in »Sittsamkeit« zu üben.[16] Komischerweise wollte darin keiner der üblichen Inquisitoren die geringste kulturelle Aneignung erkennen.

---

16 Nicolas Rinaldi, »Hijab Day« à Sciences Po Paris: Un rendezvous manqué mais une provoc' réussie, *Marianne*, 20. April 2016.

Die Zensur
antirassistischer Werke

Die Inquisitoren der kulturellen Aneignung geben sich nicht damit zufrieden, Stars, Marken und Modenschauen zu verfolgen. Es kommt vor, dass sie sogar die Zensur antirassistischer Werke verlangen.

Dies passierte der Künstlerin Dana Schutz und ihrem Bild *Open Casket*. Es ist angelehnt an ein berühmtes Foto, das 1955 aufgenommen wurde, um die brutale Ermordung eines jungen Schwarzen anzuprangern. Der vierzehnjährige Emmett Till war soeben zu Tode geprügelt worden. Seine Mutter verlangte, man solle seinen Sarg offenlassen: »Die Leute sollen sehen, was sie meinem Jungen angetan haben.« Der Anblick seines verunstalteten Gesichts war erschütternd. Dass eine Künstlerin, zumal eine weiße, diesen Eindruck sechzig Jahre später wiederaufnehmen möchte, beweist, dass die Mutter recht hatte, das verunstaltete Gesicht ihres Sohnes zu zeigen. Solcherart politische Intelligenz ist inzwischen abhandengekommen.

Sobald es bei der Biennale im Whitney Museum in New York ausgestellt wurde, löste das Bild *Open Casket* einen Skandal aus. »Dieses Gemälde muss weg!« forderten nachdrücklich mehrere afroamerikanische Schriftsteller in einem in der Presse erschienenen Brief. Unter ihnen auch Hannah Black, die geradeheraus verlangte, das Werk zu »vernichten«: »Das Gemälde sollte von niemandem akzeptiert werden, der sich um Schwarze sorgt oder das zumindest behauptet, denn es ist nicht akzeptabel, dass ein

Weißer das Leid der Schwarzen in Profit und Vergnügen verwandelt.«[17] Welches Vergnügen?

Diesem inquisitorischen Brief zufolge wendet sich der offene Sarg nur an Schwarze: »Till wurde den schwarzen Menschen als Inspiration und Warnung vor Augen geführt. Nicht-schwarze Menschen müssen akzeptieren, dass sie diese Geste niemals darstellen und niemals verstehen können.« Dieser Satz ist eiskalt. Allein aufgrund ihrer Hautfarbe erlaubt sich diese Autorin, anstelle einer Mutter zu sprechen, die einen Sohn verloren hat, und den Sarg wieder zu schließen, den diese aus politischen Gründen geöffnet hatte. Allein aufgrund ihrer Hautfarbe wird eine weiße Künstlerin und Malerin für unfähig befunden, den Schmerz der Mutter nachzuempfinden. Ihre Empfindlichkeit gegen Rassismus wird ihr abgesprochen, ja sogar vorgeworfen! Obendrein will man ihr Bild vernichten.

In den folgenden Tagen drohten Demonstranten, die Biennale zu boykottieren. Aus Furcht vor Auseinandersetzungen und Vergeltungen lehnte man es ab, das Bild ordnungsgemäß auszustellen. Der Kunstwelt wurde beschieden: Prangert nicht mehr das Leid von Minderheiten an, sonst endet ihr auf der Anklagebank! Ein solches Schicksal erlitt der kalifornische Bildhauer Sam Durant, dessen Installation *Scaffold* die Hinrichtung von 38 Dakota-Indianern im Jahr 1862 anprangert. Das Werk war im Walker Art Center in Minneapolis ausgestellt worden. Doch einige Indianer mochten es nicht, dass ein Weißer erzählte, was sie für ihre Geschichte hielten. Nach Monaten der Proteste und Vorwürfe brach der Bildhauer ein und baute sein Werk wieder ab.

Die Inquisitoren der kulturellen Aneignung gehen wie

17 Alex Greenberger, »The Painting Must Go«: Hannah Black Pens Open Letter to the Whitney About Controversial Biennial Work, *Art News*, 21. März 2017.

Fundamentalisten vor. Ihr Ziel ist es, ein Monopol über die Darstellung des Glaubens zu wahren, indem sie anderen verbieten, ihre Religion zu malen oder zu zeichnen. Dadurch zeichnen sie selbst sich maßgeblich aus. Im Falle der kulturellen Aneignung treiben Schriftsteller, manchmal auch Künstler oder Aktivisten ihr Spiel mit ihrem Minderheitenstatus, um ihre Vorstellungen und ihre Deutungshoheit umso besser durchsetzen zu können.

Das künstlerische Schaffen der einen behindert nicht das der anderen. Doch die Aktivisten wollen lieber verbieten, als ihrerseits etwas zu schaffen. Dieses Recht, glauben sie, sei ihnen buchstäblich angestammt, und aufgrund des Leids ihrer Vorfahren stehe es über allem sonstigen Recht. Die von anderen erduldeten Leiden erlauben ihnen, wieder andere zu unterdrücken: ein tyrannischer Komfort. Das ist keine »entartete Kunst« im Sinne der Nazis, sondern eine im Namen der Genetik zensierte Kunst: eine rassistische Zensur. Es gibt kein anderes Wort zur Bezeichnung der Absicht, ein Werk aufgrund der Hautfarbe seines Schöpfers zu verbieten.

Glücklicherweise gibt es auch andere Antirassisten, die dem widerstehen. So geschah es, als ein übler Wind sich gegen *Exhibit B* erhob, eine Installation des weißen südafrikanischen Künstlers Brett Bailey, die die Tradition der »Menschenzoos« anprangert. Sie soll uns Unwohlsein bereiten, indem sie uns zwingt, eine Reihe lebender Bilder entlangzugehen. Die Darstellungen schildern den Schrecken des Kolonialismus und der Sklaverei. Eine »schwarze Venus« wird als Jahrmarktsattraktion präsentiert, wie eine »Odaliske«, die sich nackt im Bett eines französischen Offiziers in Brazzaville räkelt. Eine andere trägt einen Korb voller Hände, abgehackt von belgischen Kolonisatoren. Dies geschah Sklaven, die die Quote bei der Gewinnung von Latex nicht erfüllten. All das erfährt man in dieser Ausstellung. Mehr noch, man spürt Wut in sich aufsteigen, und Abscheu. Darin besteht die Kraft eines Kunstwerks: dass es einen dazu bringt, aus sich herauszugehen und sich in einen anderen zu hineinzuversetzen. Was aber den buchstabengetreuen Identitätsvögten total abgeht.

Seien Sie beruhigt, diese Leute haben sich die Ausstellung nicht angesehen, ehe sie deren Zensur verlangten. Alles ging bloß von einem Artikel aus. Monatelang war die Ausstellung ohne Probleme gelaufen, von Wien nach Brüssel und zwischendurch auch in Paris. Doch all das änderte sich, nachdem eine im *Guardian* erschienene Kritik sie als riskant und »umstritten« beurteilt hatte.[18]

Galerien jenseits des Ärmelkanals sind selten mutig. Gleich nach den Anschlägen von London im Jahr 2005 beeilte sich der Direktor der Tate Gallery, eine vorgesehene satirische Ausstellung über den Talmud, den Koran und die Bibel abzusetzen. In Paris wäre diese Art von Zensur ein Skandal. Was nicht heißt, dass kleine Gruppen, die sich vom angelsächsischen Antirassismus beeindrucken lassen, diesen Kulturterror nicht zu importieren versuchten.

Als sie sah, dass die Installation *Exhibit B* nach Paris zurückkommen würde, trommelte die Brigade anti-négrophobie Leute zusammen, um vor dem Théâtre Gérard Philipe in Saint-Denis zu demonstrieren, Sicherheitsbarrieren umzustürzen, Zuschauer anzugreifen und die Absage der Ausstellung zu erwirken.

Die Interviewten warfen dem Künstler vor, er sei weiß und zeige Schwarze in der Situation von Opfern. Ist das nicht notwendig, um die »Menschenzoos« anzuprangern? Pascal Blanchard, ein Experte für Kolonialgeschichte,

---

18 John O'Mahony, Edinburgh's Most Controversial Show: Exhibit B, a Human Zoo, *The Guardian*, 11. August 2014.

äußerte sich über dieses Vorkommnis bestürzt: »Man sollte meinen, nur ein Schwarzer könnte Rassismus begreifen.«[19]

Trotz der Einschüchterungen fand die Vorführung statt, doch nur dank dem Mut des Centre dramatique national de Saint-Denis et du Centquatre – und unter einiger Anspannung.

Der Produzent und Manager des Centquatre hielt stand: »Wir haben jeden Abend gespielt. Mit der Bereitschaftspolizei[20] vor dem Theater, um die Zuschauer zu schützen.« Was ihn am meisten betrübt? »Die Unmöglichkeit, eine ordentliche Diskussion mit den Leuten zu führen, die uns angreifen. Wir haben das vorgeschlagen, doch eigentlich hatte niemand Lust, uns anzuhören, weder die Künstler noch ihre Unterstützer.«[21]

Während sie den Dialog verweigerten, kampierten die Demonstranten weiterhin vor dem Eingang der Ausstellung. Ihretwegen sah der Centquatre aus wie eine von Abtreibungsgegnern umzingelte amerikanische Klinik. Die wenigen Zuschauer mussten die Installation unter Begleitschutz besuchen.

Unter ihnen der berühmte ehemalige Fußballer Lilian Thuram, auch bekannt für sein Engagement gegen Rassismus. Er wollte selbst urteilen. Als er, sichtlich bewegt, wieder herauskam, sagte er dem Künstler und der Installation *Exhibit B*, die er »sehr gelungen und sehr verstörend« fand, seine volle Unterstützung zu. Auch antirassistische Organisationen, die für ihre Opferallüren durchaus be-

19 Guillaume Gendron, Tous coupables d'appropriation culturelle?, *Libération*, 23. Dezember 2016.

20 Im Französischen CRS: Compagnies Républicaines de Sécurité [A.d.Ü.]

21 Emmanuel Tellier, Peut-on parler de moi sans moi?, *Télérama*, 18. September 2018.

kannt sind, wie die Liga für Menschenrechte oder die MRAP[22], haben die Ausstellung unterstützt.

Das war eines der ersten Male, dass eine Zensurkampagne aufgrund kultureller Aneignung in Frankreich von sich reden machte. Die identitären Extremisten ausgenommen, hatte sie alle einmütig gegen sich. Doch wie lange noch?

---

22 Mouvement contre le racisme et pour l'amitié entre les peuples (Bewegung gegen Rassismus und für Völkerfreundschaft): französische NGO [A.d.Ü.]

Wahre Blackfaces und
falsche Unterstellungen

Das »Blackface« ist ein traumatisches Thema in den Vereinigten Staaten. Das schwarz geschminkte Gesicht entstammt einer schäbigen Tradition des amerikanischen Volkstheaters, der Ministrel Show, wo man sich über Minderheiten lustig machte, um die Zuschauer zum Lachen zu bringen. Bis in die 1930er Jahre war es gang und gäbe, Menschen ihrer Identität gemäß zu karikieren: der käufliche Jude, der saufende Ire, der liebliche Italiener, der mürrische Deutsche oder der Bauerntrampel. Es ist nicht lange her, dass die Menschen über Rassisten und Intolerante zu lachen anfingen. Zur Zeit der Rassentrennung waren Schwarze Gegenstand besonders widerlicher Karikaturen. Weiße Schauspieler schwärzten sich das Gesicht und malten sich üppige rote Lippen, um sie lächerlich zu machen.

Ein englischer Komödiant, Lewis Hallam Jr., soll das Blackface nach Amerika importiert haben. Ein Stück mit dem Titel *The Padlock*, in dem er einen ständig betrunkenen Butler aus der Karibik spielt, füllte in New York 1769 die Säle. Es war ein solcher Erfolg, dass Künstler aus England und Amerika ihm nacheiferten.

Das Blackface bleibt mit dem Schauspieler »Daddy Jim Crow«[23] assoziiert, der so berühmt wurde, dass er seinen

23 So heißt die Bühnenfigur. Erfunden hat sie der amerikanische Komiker Thomas D. Rice (1808–1860), der sie selbst auch mit schwarz geschminktem Gesicht spielte. [A.d.Ü.]

Namen den Gesetzen gab, die in den Südstaaten der USA die Rassentrennung wiedereinführten.

In den USA kann man sich schwerlich »schwarz« schminken, ohne diese Geschichte zu kennen. 2018 verlor die berühmte Fernsehansagerin Megyn Kelly ihre Sendung auf NBC, weil sie Eltern von Schülern zugestimmt hatte, die nichts Böses darin erkennen mochten, zu Halloween ein Blackface aufzusetzen. Ihre Entschuldigungen reichten nicht aus, eine Woche nach Beginn der Auseinandersetzung war sie nicht mehr auf Sendung. Man begreift, warum die Oper von Chicago die Rolle des saufenden schwarzen Butlers durch die eines saufenden irischen Butlers ersetzt hat, als sie *The Padlock* 2007 wiederaufführte. Die Iren hätten sich durchaus beleidigt fühlen können, doch diese sind weniger empfindlich und daher ist die Aufführung des Stücks mit Iren weniger riskant.

Die Furcht vor Reaktionen der afroamerikanischen Community geht mitunter so weit, dass man die Geschichte revidiert. Die English National Opera in London und die Metropolitan Opera in New York haben die Verwendung schwarzer Schminke für Aufführungen von Verdis *Otello* untersagt. Es wurden sogar Stimmen laut, die forderten, die Rolle solle von einem schwarzen Tenor interpretiert werden… wobei übrigens Otello ein maurischer, das heißt arabischer General ist. Ist das die Zukunft des Theaters: Stücke, Figuren und Geschichte umzuschreiben aus Angst, jemanden zu beleidigen? Das ist der nächste Schritt, der der Einschüchterung logisch folgt. Wenn die modernen Inquisitoren den anderen nicht ausreden können, von *ihrer* Geschichte zu sprechen, ist das ein guter Grund, sie umzuschreiben und in Beschlag zu nehmen. Manchmal geht die Manipulation bis zur Aneignung der Geschichte der anderen.

Dies ist der Fall, wenn Afrozentristen sich davon zu

überzeugen suchen, die ägyptischen Pharaonen seien schwarz gewesen. Verschwörungstheoretiker meinen, weiße Ägyptologen hätten sogar die Nasen der Sphinx, Mumien und Statuen abgeschnitten, um das Geheimnis zu verbergen! Einige Extremisten glauben das wirklich. So forderten 2019 Mitglieder der Ligue de défense noire africaine[24] das Verbot einer Ausstellung von Tutanchamun und seiner goldenen Totenmaske: nicht wegen Blackface, sondern wegen »whitening«! Überzeugt davon, dass der berühmte Pharao schwarz gewesen sei, klagten sie die Kuratoren der Ausstellung an, seine afrikanischen Ursprünge kaschieren zu wollen. Jeder Wissenschaftler, der ihrem Phantasma widersprach, wurde sogleich als rassistisch disqualifiziert. Ägyptologen wie Bénédicte Lhoyer zeigten sich bestürzt angesichts solchen Wahns: »Diese Theorie ist natürlich abwegig, denn es gab alle möglichen Hautfarben bei den Ägyptern.«[25] Eine DNA-Analyse jener Epoche bestätigt das. Doch wieviel wiegt wissenschaftliche und historische Realität in Anbetracht gegenwärtig aufbrausender Leidenschaften? Diese Generation von Aktivisten ist nicht mehr fähig, sich vorzustellen, dass die Ägypter zur Zeit der Pharaonen offener und gemischter waren als sie selbst.

Die Tutanchamun-Ausstellung fand dennoch statt. In Paris zieht Zensur nur selten. Was nicht heißt, dass diese Besonnenheit von Dauer sein wird. Risse sind bereits zu erkennen.

Aischylos' Drama *Die Schutzflehenden* sollte am 25. März 2019 an der Sorbonne gespielt werden, und zwar von der auf die Interpretation griechischer Tragödien spezia-

---

24 Wörtlich: Liga für schwarzafrikanische Verteidigung, eine erst 2017 gegründete Gruppe, die vor allem in den sozialen Netzwerken von sich reden macht. [A.d.Ü.]

25 Toutânkhamon, nouvelle victime du complotisme, propos recueillis par Laureline Dupont, *Le Point*, 11. April 2019.

lisierten Theatergruppe Démodocos. Das Stück handelt von der Überfahrt der Danaiden, einem aus Ägypten und Libyen stammenden Volk, das bei den Griechen um Asyl bittet. Inmitten der Debatte um Flüchtlinge, derweil Tausende von Migranten im Mittelmeer ums Leben kamen, wurde das Thema nicht zufällig gewählt. Das Stück kann einem das zu Bewusstsein bringen. Die Botschaft aber interessierte die »Antirassisten« kaum, die das Schauspiel attackiert hatten. Die Aufführung fand nicht statt. An die fünfzig identitäre schwarze Demonstranten hinderten die Schauspielerinnen und Schauspieler gewaltsam an der Vorbereitung. Einige wurden verhaftet und beklagten sich darüber. Worum ging es? Um die Verwendung von Masken, wie sie in der antiken Tradition üblich waren, bei der Darstellung der Danaiden.

Im Stück tragen die Schauspieler, die die Griechen darstellen, ungeachtet ihrer wirklichen Hautfarbe und Identität, weiße Masken, und diejenigen, die die Danaiden darstellen, bemalen sich das Gesicht, um eine Kupfermaske überzuziehen. Die Merkmale, die auf libysche und ägyptische Migranten hindeuten, sind suggestiv. Man mag sie derb finden und darüber streiten, doch kann man diese griechische Tradition sicherlich nicht auf ein vulgäres Blackface zurückführen. Das ist das Problem, wenn man alles durch das Prisma der Rassentrennung betrachtet. Es läuft darauf hinaus, dass man einen »amerikanozentrischen« und anachronistischen Standpunkt einnimmt.

Darin besteht das Drama der Aktivisten der Ligue de défense noire africaine, der Brigade anti-négrophobie und der CRAN[26], die sich in Frankreich so aufführen, als lebten sie in den USA.

---

26 Conseil représentatif des associations noires de France: Repräsentativer Rat der schwarzen Verbände Frankreichs. [A.d.Ü.]

Schockiert über die Gewalt, antwortete der Regisseur mit einer großartigen Botschaft, in der er die Kunst als ein Gegengift der Zuschreibung verteidigte: »Das Theater ist ein Ort der Verwandlung, keine Zuflucht der Identitäten. Das Groteske hat keine Farbe. Die Konflikte unterbinden die Liebe nicht. Man nimmt den anderen auf und wird selbst im Laufe einer Aufführung zu einem anderen. Aischylos setzt die Welt maßstabsgetreu in Szene. In Antigone lasse ich die weiblichen Rollen von Männern spielen, und zwar auf altertümliche Weise. Ich singe Homer und bin nicht blind. Ich lasse die Perser in Niamey von Nigerianern spielen (so im letzten Film von Jean Rouch),[27] meine letzte persische Königin hatte schwarze Haut und trug eine weiße Maske.«

In wenigen Zeilen hat es der Künstler verstanden, seinen Verleumdern ihre Maske herunterzureißen. Im Unterschied zu London oder New York kam ihm ganz Paris zu Hilfe. Der Präsident der Sorbonne verurteilte »förmlich«, was geschehen war: »Die Aufführung eines Theaterstücks mit der Gewalt der Beleidigung zu verhindern, stellt eine schwerwiegende und völlig ungerechtfertigte Verletzung der künstlerischen Freiheit dar. Zudem läuft eine solche Unterstellung allem zuwider, wofür die Universität Sorbonne mit größter Standfestigkeit einsteht.« Während sie dem Stück wünschte, dass es möglichst schnell wiederaufgenommen werde, war der Universität kein Wort hart genug gegen diejenigen, die es zensiert hatten: »Die uns Fesseln anlegen wollen, bekunden reflexhaft nur ihre Abkapselung und ihren Ausschluss.«

27 Die Rede ist von Aischylos' Tragödie Die Perser und von dem Dokumentarfilm Le Rêve plus fort que la mort (Der Traum ist stärker als der Tod), den Jean Rouch 2002 gemeinsam mit dem hier zitierten Bernard Surugue in Niger drehte (Niamey ist die Hauptstadt des Landes). [A.d.Ü.]

Dieser Meinung war auch die Regierung. In einer gemeinsamen Verlautbarung haben die Minister für Hochschulen und Forschung sowie für Kultur »diese beispiellose Verletzung der Rede- und der künstlerischen Freiheit im universitären Raum entschlossen« verurteilt. Unter den zahlreichen Unterstützern, die sich zu Wort meldeten, bildete sich sogar ein Netzwerk von Hochschullehrern und Forschern namens Vigilance universités, um solcherart Zensur anzuprangern. Man verurteile, heißt es, »ganz entschieden diese neue Einmischung einer radikal-radikalistischen Ideologie in die Universität«.[28] Auch die Presse, rechts wie links, äußerte sich in diesem Sinne.[29] Dennoch lässt diese erste Bresche befürchten, Frankreich lasse allmählich nach und fange an, sich zu amerikanisieren. Die Zensoren der *Schutzflehenden* haben fortan Verbündete über notorische Kleingruppen hinaus.

Die älteste linke Jugendgewerkschaft UNEF[30] ist eingeknickt. Anzeichen waren lange schon zu erkennen. Nachdem sie den »Hijab Day« am Institut für politische Wissenschaften unterstützt hatte, wählte die Gewerkschaft an der Universität Paris IV eine verschleierte Vorsitzende, und zwar an genau der Universität, wo die Gewerkschaft auch die Forderung nach Zensur unterstützte. Schon vor einiger Zeit begann die Wortwahl der Gewerkschaft zu entgleisen. Um die Frage der »Rassifizierung« oder des »staatlichen Rassismus« geht es jetzt nur noch derart, dass man Laizisten und Feministinnen der Sünde der »Islamo-

---

28 »Pièce d'Eschyle censurée: le contresens d'un antiracisme dévoyé«, Vigilance universités, Website der Zeitung *Libération*, 2. April 2019.

29 Die Zeitschrift *Marianne* veröffentlichte daraufhin zahlreiche Artikel und ein sehr gutes Dossier von Étienne Girard und Hadrien Mathoux: L'offensive des obsédés de la race, du sexe, du genre, de l'identité…, 12. April 2019.

30 Union nationale des étudiants de France: 1907 gegründeter Studentenverband. [A.d.Ü.]

phobie« bezichtigt. Solches Vokabular markiert eine historische Wende.

Ursprünglich verteidigte die UNEF den Laizismus gegen Fundamentalisten und Abtreibungsgegner. Ihre Aktivisten kämpften vor allem für die Verbesserung der Studienbedingungen. Doch das war einmal, ehe die identitären Forderungen auch unter den Studenten die Oberhand gewannen. Erschüttert durch die Krise der Gewerkschaften und das behauptete Ende der Ideologien, sah der Studentenverband seine Wahlergebnisse einbrechen. So wurde er eine leichte Beute zur Unterwanderung. Die UNEF hat auf lokaler Ebene sogar offiziell mehrere Wahlbündnisse mit den Étudiants Musulmans de France[31] geschlossen, einem Ableger der Muslimbruderschaft und mithin einem Repräsentanten des politischen Islamismus in Frankreich. Ihr Mentor ist kein Geringerer als Tariq Ramadan, einem der Vergewaltigung angeklagten Prediger der Bruderschaft.

Die Gewerkschaft bezieht sich nicht mehr auf trotzkistische, sondern auf identitäre und indigenistische Positionen. Es geht nicht mehr darum, den Kapitalismus oder den Fundamentalismus zu bekämpfen, sondern Theaterstücke wie *Die Schutzflehenden* zu verbieten oder gegen Lesungen etwa aus dem postum veröffentlichten Buch von Charb mobilzumachen: *Briefe an die Gauner der Islamophobie, die das Geschäft der Rassisten betreiben.*[32]

Man muss sagen, dass der Text des ehemaligen Chefredakteurs von *Charlie Hebdo*, den dieser geschrieben hatte,

---

31 Moslemische Studenten Frankreichs: 1989 gegründeter Studentenverband. [A.d.Ü.]

32 Dieses Buch des bei den Anschlägen auf die Redaktion von *Charlie Hebdo* 2015 ermordeten Stéphane Charbonnier, Lettre aux escrocs de l'islamophobie qui font le jeu des racistes, erschien noch im selben Jahr im Verlag Les Échappés in Paris. [A.d.Ü.]

kurz bevor er ermordet wurde, jene Leute treffend benennt. Bei jeder Lesung, ob beim Festival von Avignon oder an Universitäten, verbünden sich die Zensoren mit den Mördern, um seine antifaschistische und wahrhaft freie Rede zu beerdigen. An der Universität Paris VII Diderot forderte die Gewerkschaft Solidaires[33] den Präsidenten der Universität auf, die Aufführung eines Theaterstücks zu untersagen, das auf jenem Text basiert, und zwar mit Unterstützung der örtlichen Sektion der UNEF, die sogar vorgeschlagen hatte, das Amphitheater am Tag der Vorstellung zu stürmen. In Lille, wo man sich anschickte, Charbs Text vor einem Theater zu verlesen, ahmten vier junge Scheusale das Geräusch der feuernden Kalaschnikow nach, die den Autor getötet hatte, ehe sie vor der eintreffenden Polizei flüchteten. So stehen die Dinge heute.

Anstatt diese Jugend politisch aufzuklären und sie von ihrem Leichtsinn zu kurieren, bestärkt die identitäre Linke sie in ihrem Fanatismus. Erschrocken über die Wendung, die sein Jugendverband genommen hat, stieß ein ehemaliges Mitglied in der Presse folgenden Schrei aus: »Die UNEF ist eine Talibangewerkschaft geworden.«[34] In den 1970er Jahren, als er selbst in dieser Organisation tätig war, erinnert sich Pierre Jourde, habe er einem dogmatischen und borniertem Jugendverband angehört. Niemals jedoch wäre es ihm eingefallen, für die Zensur eines antiken Theaterstücks zu kämpfen: »Der Krieg gegen die Kultur ist ein schönes studentisches Gefecht, das eher an den Nazismus oder die Roten Garden als an demokratische Ideen erinnert.«

Die Gewerkschaft zeigte sich sehr schockiert über seine

33 Union syndicale Solidaires: 1981 gegründeter Studentenverband. [A.d.Ü.]
34 Pierre Jourde, Eschyle censuré: »L'UNEF est devenu un syndicat de talibans«, *L'Obs*, 9. April 2019.

Stellungnahme. Ein paar Tage später sollte ihm eine ihrer jungen Rekrutinnen hundertmal recht geben. Als ein Brand die Kathedrale Notre-Dame zerstörte und das Herz Frankreichs und der Welt zerbrach, begeisterte sich Hafsa, Mitglied des Vorstands der UNEF, auf Twitter: »Ich pfeife auf Notre-Dame, weil ich auf die Geschichte Frankreichs pfeife«; »die Leute werden Rotz und Wasser heulen, bei Allah, ihr liebt die französische Identität zu sehr, während ihr euch objektiv einen Teufel darum schert, das ist euer Kleine-weiße-Leute-Wahn.« Diesmal haben es alle verstanden. Die neue Generation der radikalen Linken ist nicht nur sektiererisch, sie ist brandgefährlich.

Die zwei Gesichter des
Antirassismus

In dieser Auseinandersetzung stehen sich zwei Konzepte von Antirassismus gegenüber, die einander bekämpfen: einerseits ein Antirassismus, der eine Gleichbehandlung im Namen des Universalismus propagiert;[35] andererseits einer, der eine besondere Behandlung im Namen der Identität einfordert. Jener ist universalistisch, dieser identitär.

Der Universalismus kämpft gegen Vorurteile und die Essentialisierung von Identitäten, um jedem Menschen die Möglichkeit zu geben, seine Sexualität zu entwickeln und sich mit der Kultur seiner Wahl zu identifizieren, ohne in Schubladen gesteckt oder diskriminiert zu werden. Er steht für die Überwindung klassischer Rollenbilder und für eine Verschmelzung der Kulturen. Er hat nichts dagegen, dass jemand das Geschlecht wechselt oder Dreadlocks trägt, er verteidigt eine »hybride« Vorstellung von Identitäten und will die Hindernisse beseitigen, die dieser Freiheit zur Selbstbestimmung im Wege stehen.

Dieser Antirassismus kämpft auf gemeinschaftliche Weise gegen Herrschaft, Vorurteile, Antisemitismus, Rassismus oder Homophobie. Sein Ziel ist niemals die Vorzugsbehandlung einer bestimmten Gruppe, sondern das Ende der Diskriminierungen. Das war der Traum von Martin Luther King, der von möglichst vielen Menschen ge-

---

35 Siehe auch mein Buch La Dernière Utopie (2011) über die Krise des Multikulturalismus und die Angriffe auf den Multikulturalismus.

teilt werden sollte. Diese würdevolle Geduld machte die Stärke der Bürgerrechtsbewegung in den USA aus. Auch wenn er moderater erscheint, ist dieser Ansatz doch in Wirklichkeit der einzige, der Stereotypen überwinden kann, ohne Identitäten gegeneinander in Stellung zu bringen. In Frankreich verficht man einen solchen Universalismus, indem man das »Recht auf *Gleichgültigkeit*« einfordert. Niemand darf wegen seines Aussehens, seiner Herkunft, seiner Sexualität oder seines Geschlechts abgewertet oder diskriminiert werden. Ein so ehrgeiziges Konzept des Individuums ist das Resultat einer langen Geschichte, die von der Philosophie der Aufklärung bis zur allgemeinen Erklärung der Menschenrechte reicht. Dieser Antirassismus formierte sich vor langer Zeit in der Ablehnung der antisemitischen Vereinigungen, in der Verteidigung des Hauptmanns Dreyfus und nicht zuletzt auch als Reaktion auf die Gräuel des Vernichtungsantisemitismus der Nazis. Aus ihm speist sich eine französische *Charlie Hebdo*-Linke, die republikanisch und säkular, anti-fundamentalistisch und antitotalitär ist – und stets beunruhigt, wenn der Antisemitismus wiedererwacht. Genau das ist in Europa gerade der Fall.

Überall kommt es zu einer explosiven Zunahme von islamistischen Angriffen gegen Juden, wie in Toulouse, wo Mohammed Mehran Kinder und ihre Eltern ermordete, die vor der Schule warteten. Antisemitische Gewalttaten geschehen mittlerweile zweimal so häufig wie antimoslemische.

In den USA ist die Situation genau umgekehrt. Auch wenn sie manchmal Juden zum Ziel haben, kommt der Großteil der Angriffe von der extremen weißen, rassistischen und suprematistischen Rechten. Deren Opfer summieren sich zu den vielen Schwarzen, die jede Woche von einer roboterhaft agierenden Polizei getötet werden, die bei dem geringsten Anlass zur Furcht vor einem bewaffneten Täter schießt.

Der französische und der amerikanische Antirassismus haben nicht nur eine unterschiedliche Geschichte, sie stehen auch vor ungleichen Herausforderungen.

Der amerikanische Antirassismus wurde aus dem Widerstand gegen die Rassentrennung in einer Gesellschaft geboren, die sich fortwährend auf Religion und Herkunft bezieht. Darum hat er sich entschieden, die ethnische Zuordnung nicht zu bekämpfen, sondern im Namen der »Rasse« eine größere gesellschaftliche Vielfalt einzufordern. In Frankreich ist allein das Wort tabu. Und das nicht etwa, weil man die ethnische Herkunft hier schlicht leugnete, sondern weil der Begriff Rasse so stark mit der Ideologie der Nazis assoziiert wird, die glaubten, die Menschen seien in ihrer jeweiligen Art so verschieden, dass sie sich kaum mischen könnten. Während in Wahrheit weder die Hautfarbe noch die Nasenform die Menschen grundsätzlich voneinander unterscheiden. Der französische Antirassismus versucht darum bei der Bekämpfung der Vorurteile, die Bedeutung der »Rasse« zu mindern, die zu einer Klassifikation im Sinne der Nazis und letztlich zu Deportationen und Massenmord führte. Nicht so der Antirassismus in den USA, wo ethnische Zuordnungen nur selten grundsätzlich in Frage gestellt werden.

Dort begnügt man sich häufig damit, die Möglichkeiten der ethnischen Zuschreibung von »kaukasisch« bis hin zu tausend anderen »Mischformen« zu vervielfachen, um somit das Recht auf eine »positive Diskriminierung« einfordern zu können. Wo die Berücksichtigung sozialer Kriterien den Ärmsten, oft den Schwarzen, helfen und die Konkurrenz der »Rassen« außer Kraft zu setzen sucht, lässt die Forderung nach einem durch ethnische Kriterien legitimierten Studienplatz oder Stipendium die rassistischen Stereotype fortbestehen und schürt so den Groll ärmerer weißer Studenten.

Das Problem besteht nicht darin, eine ethnische Identität zu benennen, um ein Ende der Diskriminierung zu fordern, sondern in der separatistischen Vorstellung von Identität und Kultur. Dies geht so weit, dass man die Vermischung und den Austausch von Ideen sowie kulturelle Anleihen verbietet, weil dabei Inspiration mit Aneignung und Inbesitznahme in eins gesetzt wird. Dieser analytische Kurzschluss führt weniger zur Gleichheit als vielmehr zu Rachegelüsten. Man erstrebt nicht die Vermischung der Menschen, sondern propagiert deren Selbstsegregation. Durch die Forderung nach einer »Vorzugsbehandlung«, die etwa auch ein besonderes Rederecht aufgrund ethnischer Kriterien umfasst, hält man Kategorien und Denkweisen aufrecht, welche die Herrschenden dazu benutzen, ihre Vorurteile zu rechtfertigen und sich selbst zu Opfern zu stilisieren.

Darin besteht ganze Misere des »Rechts auf Andersartigkeit«. Anstatt Stereotype zu beseitigen, werden sie verstärkt und so letztlich die Identitäten in Konkurrenz zueinander gebracht. Immer mehr Weiße zeigen sich mittlerweile für die Propaganda der Alt-Right-Bewegung empfänglich, die ihnen suggeriert, sie gehörten selbst einer gefährdeten Minderheit an. Diese Entwicklung verschlimmert sich noch dadurch, dass schwarze Aktivisten anfangen, Weißen das Sprechen oder kulturelle Betätigungen zu verbieten. Die Exzesse der politischen Korrektheit ermöglichten es Donald Trump, sich mit Hilfe einer völlig ungezügelten politischen Sprache am doppelten Mandat Barack Obamas zu rächen.

Hat die amerikanische Linke ihre Lektion daraus gelernt? Zumindest einige Leute haben begriffen, dass es dringend notwendig ist, den Weg zu einer universalistischen und egalitäreren Linken einzuschlagen. Doch leider bleiben die Demokratische Partei und die meisten Vertreter von Minderheiten oder »Communities« in dieser verhärteten Vorstellung von Identitäten befangen. Jeder, der es wagte, einen anderen Weg vorzuschlagen, würde es sofort mit sehr einflussreichen Vertretern des identitätsbasierten Antirassismus zu tun bekommen.

Nachdem dieser identitäre Antirassismus die Linke in den angelsächsischen Ländern, von den USA über Großbritannien bis nach Kanada, zerschlagen hatte, begann er, die europäische Jugend zu kontaminieren, die immer mehr den gewalttätigen und gefälligen Radikalismus eines Malcolm X der Weisheit Martin Luther Kings vorzieht. Sie verteidigt damit eine fundamentalistische Auslegung von Identität, und das in Ländern, in denen sich die radikale Rechte aus Angst vor dieser Entwicklung erhebt.

Der linken Jugend ist das egal. Wie ihre älteren Genossen möchte auch sie ihre Triebe ausleben, ohne an die Folgen zu denken. Diese Linke identifiziert sich eher mit dem Kampf gegen die Rassentrennung als mit dem Widerstand gegen den Nazismus. Sie hat auch keinerlei Skrupel, sich mit fundamentalistischen und antisemitischen Gruppen zu verbünden, solange diese nur behaupten, gegen den Kapitalismus oder den Imperialismus zu kämpfen. Alles wird den »Verdammten dieser Erde« (Frantz Fanon) vergeben, ob sie nun wirklich Opfer von Rassismus oder im Grunde doch Fanatiker sind. Frantz Fanon, der aus einer ganz anderen, nämlich einer vom Kolonialismus in Fesseln geschlagenen Welt stammte, legitimierte alle für den Kampf gegen die Unterdrückung notwendigen Mittel, darunter auch Gewalt oder Terrorismus.[36] Die jungen, von dieser

36 »Für den Kolonisierten kann das Leben nur aus dem verrotteten Leichnam des Kolonialherren entstehen.« Frantz Fanon: Die Verdammten dieser Erde. Frankfurt a.M. 1961.

Radikalität faszinierten Menschen aus dem Westen befür-
worten jede Bewegung, die sie als »dekolonisiert« wahrnehmen.

Das führt manchmal so weit, dass sie auch schwarzen
Rassismus und Antisemitismus unterstützen. So etwa bei
den Fans von Malcolm X, die seine gewaltverherrlichen-
den und auf Rache ausgerichteten Ideen verteidigen. Je
mehr Malcolm X zum Islamisten wurde, desto stärker as-
soziierte er »die Weißen« mit dem Teufel: »Der weiße
Mann ist von Natur aus böse und muss vernichtet werden.«[37] Ganz zu schweigen von Louis Farrakhan, einem
Bewunderer Hitlers, der die Juden mit den satanischen
Weißen gleichsetzte, sie manchmal sogar als Termiten be-
zeichnete, die vernichtet werden müssten. Erst kürzlich erklärte er in einer Versammlung, die Juden stünden für alle
schmutzigen und degenerierten Verhaltensweisen Holly-
woods, sie verwandelten Männer in Frauen und Frauen in
Männer. Dann drohte er: »Euch Weißen sage ich, ihr wer-
det untergehen. Der Satan wird damit auch untergehen.«
Farrakhan, der von sich in der dritten Person spricht, wird
dank der Hilfe Gottes die satanischen Juden enttarnen:
»Ich bin hier, um zu verkünden: Eure Zeit ist vorbei!«

Diese Vorbilder inspirieren die Jugend, bedauerlicher-
weise. Tamika Malory, eine der Initiatorinnen des Frauenmarsches, war bei besagter Zusammenkunft der »Nation
of Islam« anwesend und hatte gegen diese Äußerungen
nichts einzuwenden. Auch das Foto, auf dem zu sehen ist,
wie sie Farrakhan unter der Überschrift »the GOAT«
(Greatest of all time) innig küsst, wurde nicht von ihrer
Website entfernt. Nur ein einziges Mal distanzierte sich
diese Aktivistin der »Black Lives Matter«-Bewegung

---

37 Interview mit Louis Lomax, When the World Is Given: A Report on
Elijah Muhammad, Malcolm X, and the Black Muslim World, 1963.

öffentlich vom Antisemitismus und der Homophobie des Gurus der »Nation of Islam«. Die politisch unbeirrbare und mutige Schauspielerin Alyssa Milano kündigte daraufhin an, sie werde die Einladung zum Marsch der Frauen so lange nicht annehmen, bis ihre Anführerinnen diese Unklarheiten ausgeräumt hätten. Zwar wurden mittlerweile drei Personen aus der Bewegung hinausgeworfen, doch die Schauspielerin war in den sozialen Medien aufgrund ihrer Kritik vielfachen Beleidigungen ausgesetzt.

Der Weckruf richtete sich vor allem an Linda Sarsour, die verschleierte Anführerin des Frauenmarsches, zudem eine Unterstützerin Palästinas nach Art der Hamas. Sie ist in der Lage, einerseits Geld für die Opfer des von einem weißen Rassisten begangenen Anschlages auf die Synagoge von Pittsburgh zu sammeln und andererseits Bewegungen, die zum Hass auf Juden aufstacheln, zu verharmlosen.

2012 schrieb sie via Twitter: »Wenn wir die Geschichte des Islams in den USA schreiben, ist die ›Nation of Islam‹ ein Teil davon.« Sie forderte ihre Glaubensbrüder und -schwestern auf, die Israelis niemals zu menschlich darzustellen, und sprach zudem vom Widerstand gegen Trump als einem Dschihad. Integration oder die Vermischung verschiedener ethnischer Gruppen lehnt Sarsour ebenso ab wie jegliche Assimilation: »Unsere allerhöchste und wichtigste Priorität ist es, einzig Allah, dem allmächtigen Gott, zu gefallen.«

So sehen also die neuen Gesichter des amerikanischen Feminismus und Antirassismus aus. Getragen von einer nach Radikalität dürstenden studentischen Jugend, die ihre offensichtlichen Privilegien vergessen machen möchte, ist dieser auf Identität basierende Antirassismus nur darauf aus, seinen Konkurrenten, den universalistischen Antirassismus, auszuschalten. Sein vorrangiges Betätigungsge-

biet verlagert sich mittlerweile nach Europa, wo die liber-
täre und republikanische Linke (noch) Widerstand leistet.

Auch in Frankreich versuchen Gruppen, von franzö-
sisch-amerikanischen Netzwerken ermutigt, diese identitäre Form des Antirassismus zu etablieren. So zum Beispiel die kleine Brigade anti-négrophobie, die jede Thea-
teraufführung und jede Ausstellung, die sich gegen Rassismus als wirksam erweisen könnte, zu verhindern versucht,
oder auch die »Indigenen der Republik«, die in Frankreich
Reden halten, die denen der »Nation of Islam« zum Verwechseln ähnlich sind.

Ihre Anführerin Houria Bouteldja publizierte ein Buch
mit dem Titel *Die Weißen, die Juden und wir*[38], das von
einem Teil der französischen Rechten für sein Verständnis
von Identität und Andersartigkeit gelobt wurde. Die Rechte schätzte Bouteldjas Seitenhiebe gegen die Juden und
mehr noch ihre Stellungnahme gegen den »Pro-Choice«-
Feminismus: »Mein Körper gehört mir nicht. Keine noch
so große Autorität kann mich dazu bewegen, ein Motto zu
unterstützen, das von und für weiße Feministinnen ge-
schaffen wurde. Ich gehöre zu meiner Familie, zu meinem
Clan, zu meiner Nachbarschaft, zu meiner Rasse, zu Algerien, zum Islam.« Diese Logik gipfelt in der Überlegung,
dass eine Frau, die von einem Mann ihrer Sippe, das heißt
ihrer Kultur, vergewaltigt wurde, diese nicht anprangern
sollte, um den Rassismus nicht zu befeuern. Die Anwei-
sung ist klar: Eine Feministin sollte ihren Vergewaltiger
nicht anzeigen, wenn er schwarz, arabisch oder mosle-

---

38 Houria Bouteldja, Les Blancs, les Juifs et nous. Vers une politique
de l'amour révolutionaire, Paris 2016. Ihr Buch, das an eine Bro-
schüre aus den 1930er Jahren erinnert, wurde von einem Führer der
rechtsextremen Katholiken und Aktivisten gegen das Satire-Maga-
zin *Charlie Hebdo* gelobt: »Houria Bouteldja, das ist ursprünglich
von Barrès!« (13. April 2016) [Maurice Barrès (1862–1923) war ein
Schriftsteller und Politiker der nationalen Rechten. A.d.Ü.]

misch ist. Dies gilt zumal, wenn sie selbst Moslemin ist, denn sonst macht sie sich des Verrats schuldig.

Feministinnen, die religiösen Fundamentalismus im Namen des Islams, Vergewaltigung und Unterdrückung von Frauen unabhängig von der Hautfarbe und Religion des Unterdrückers anprangern, werden als »weiß und islamfeindlich« bezeichnet, auch wenn sie selbst Moslems sind.

Die Autorin gibt unumwunden zu, von Emotionen überwältigt zu werden, wenn sie den Ruf »Allahu akbar« (Allah ist groß) hört, »der die Ungläubigen in Angst und Schrecken versetzt.« Dies ist schon eine besonders fragwürdige Aussage in einem Land, in dem mehr als 263 Franzosen, nachdem sie diesen Schrei gehört hatten, bei Attentaten ermordet wurden. Einige Seiten zuvor beklagt sich die Autorin darüber, dass sie so empathisch in den republikanischen Schulen über den »Judeozid« Hitlers unterrichtet wurde, dass sie weinen musste, weil sie darauf dressiert worden sei. Insgesamt entspricht das Buch in vielem den antisemitischen Pamphleten der 1930er Jahre. Indes spricht es nicht nur die radikale Rechte, sondern auch die radikale Linke an und profitiert dabei von allen ideologischen Vorarbeiten der angelsächsischen »Antirassisten«. In ihrem Nachwort dankt die Autorin den Aktivisten des antikolonialen »euro-amerikanischen Netzwerks«, in das sie »große Hoffnung« setzt. Es handelt sich dabei um nichts anderes als den Import einer völkisch-sektiererischen Identitätspolitik.

Das Abdriften der »Identitätspolitik«

Der Begriff *identity politics*, der als »Identitätspolitik«[39] und manchmal auch als »Anerkennungspolitik« übersetzt wird, bezeichnet die Bereitschaft, eine auf Minderheiten ausgerichtete Politik zu betreiben, die sich auf »Rasse«, Geschlecht und Gender bezieht. Als Teil der Weltanschauung kleiner Grüppchen, die von der akademischen Elite gehätschelt werden, führt sie nicht selten zu Ghettoisierung und kulturellem Sektierertum.

Begonnen hat diese Entwicklung im Jahr 1977, als das Combahee River Collective, eine schwarze Lesbengruppe, in einem separatistischen Aufruf den Begriff der Identitätspolitik für sich in Anspruch nahm. Anstatt sich der Frauenbewegung anzuschließen, hielt die Gruppe es für revolutionärer, sich auf ihre eigene Identität zu konzentrieren: »Wir glauben, dass die tiefste und möglicherweise radikalste Politik direkt unserer Identität entspringt und nicht der Aufgabe, der Unterdrückung von jemand anderem ein Ende zu setzen.«[40] Damit ist alles gesagt. Die eigene Nabelschau ist wichtiger, als für das Wohl der ganzen Welt zu kämpfen.

39 Diese Übersetzung hat Laurent Dubreuil in La Dictature des identités (Paris 2019) gewählt.
40 Combahee River Collective, »A Black Feminist Statement«, in: Alison Jaggar, Paula Rothenberg (Hg.), Feminist Frameworks, New York, 1984, S. 204.

Wie jeder Separatismus verrät auch dieser vor allem eines: eine psychische Schwäche und eine Kapitulation. In jener Zeit, als die Gruppe diese Zeilen verfasste, wurden Feministinnen als »schlecht gefickt« verspottet, als »allesamt Lesben« karikiert und als generell männerfeindlich und schlecht für die Familie porträtiert. Um diese heftigen Angriffe abzuwehren, versuchte die Frauenbewegung, ihre radikalsten Elemente zu mäßigen. Radikale Lesben, vor allem die schwarzen und separatistischen unter ihnen, wurden gebeten, sich zurückzuhalten.

Ich selbst habe Jahre später erfahren müssen, wie schwierig es war, lesbische Forderungen innerhalb des französischen Feminismus durchzusetzen. Daher kann ich die Widerstände jener Zeit, die Wut und die Versuchung, sich zu separieren, sehr gut nachvollziehen. Dieser Selbstbezug, der darin besteht, dass man die eigene Identität herausschält, offenbart die Absicht, einen gewissen Selbsthass abzubauen und sich mit sich selbst zu versöhnen. Ich habe das am eigenen Leib erfahren und weiß deswegen auch, wie leicht dieses Bestreben in Sektierertum umschlagen kann, da es zur Selbstfindung der Ablehnung der anderen und des gemeinsamen Kampfes bedarf.

Ich habe damals französische Lesbengruppen kennengelernt, die sich von der Welt zurückgezogen hatten, um von ausschließlich weiblichen Pflanzen und Tieren umgeben zu leben. Diese Frauen haben weder den Lauf der Welt noch die grassierende Homophobie auch nur um ein Jota verändert. Diese Radikalen sind oft Menschen, die weder die Kraft noch die Geduld haben, andere Menschen zu verändern. Anstatt dies zuzugeben, was immerhin rührend wäre, ziehen sie es vor, sich für subversiver als alle anderen zu halten. Dabei wäre es doch, wie im Falle der schwarzen Lesben, durchaus möglich, Gruppen zu gründen, die die zweifache Unterdrückung zur Sprache brin-

gen, ohne den gemeinsamen Kampf deswegen aufzuge-
ben. Die liberalen lesbischen Aktivistinnen, die in der
Frauenbewegung durchgehalten haben, behielten recht.
Sie und nicht die Radikalen waren es, die die Paarbezie-
hung revolutionierten, die die Familie, den Körper der
Frauen und die Sexualität befreiten. Eine wahre Revolution. Hingegen führte der Separatismus nie zu etwas. Er
kann zwar als persönliche Therapie eingesetzt werden mit
dem Ziel, sich selbst wieder aufzubauen und zu sammeln,
um mit Widrigkeiten besser umgehen zu können. Doch
dies ist keine politische Praxis und wird auch niemals eine
sein. Der große Fehler des Manifests des Combahee River
Collective besteht darin, den Rückzug auf die eigene Identität als politische Aktion zu verkaufen: »Die Konzentra-
tion auf unsere eigene Unterdrückung stellt einen wesentlichen Grundsatz der Identitätspolitik dar.« Sowas spricht
sich herum, schließlich auch bei den Männern und Frauen,
die eine politische Gestaltung ihrer gemeinsamen Zukunft
anstreben. Mit Inbrunst adaptiert die amerikanische Linke
ein Konzept, das Identitäten verhärtet, anstatt mehr Ge-
rechtigkeit herbeizuführen. Manchmal stellt der Kampf für
die Vielfalt sogar den viel ehrgeizigeren Kampf für die
Gleichheit in den Schatten.

Feministische Theoretikerinnen wie Shane Phelan sahen
die Gefahr schon lange kommen. Bereits 1989 beschloss
sie ihr Buch über die Identitätspolitik mit einer Warnung
vor der Versuchung des Separatismus: »Wenn wir die
Identitätspolitik zu einer Forderung nach Reinheit auf allen Ebenen unseres Lebens machen, schaden wir den
Kämpfen, die wir einst zu führen begonnen haben.« Sie
sagte voraus, dass dieser Weg zu noch mehr Spaltungen
führen werde. »Nichtverhandelbare Identitäten werden
uns versklaven, mögen sie uns nun von innen oder außen
aufgezwungen werden.«

Sie hatte bereits alles Wichtige dazu gesagt, und sie behielt recht damit. Innerhalb nur weniger Jahrzehnte entwickelte sich die Identitätspolitik von einer Sichtbarmachung von Minderheiten zu einer Methode der Klassifikation, einer Politik der Anerkennung, die nur leider allzu oft zu einer Verstärkung des Ressentiments führt. Theoretisch geht es dieser Politik natürlich um die Herstellung von Gleichheit. Dumm nur, dass der eingeschlagene Weg Stereotype aufrechterhält und das Bedürfnis nach Rache befördert.

Dies gilt umso mehr, als die wirklichen Diskriminierungen in den letzten Jahren zurückgegangen sind. Ganz so als hätten sie Angst, arbeitslos zu werden, stürzen sich professionelle Aktivisten auf belanglose Nebenschauplätze, um sie polemisch aufzublähen und zu übertreiben.

Ich spreche dabei nicht von Bewegungen wie #MeToo, die endlich die wahren Tabus von Belästigungen und Missbrauch angesprochen und öffentlich gemacht haben. Ich spreche vielmehr von denjenigen, die im Theater, in Kinos oder in der Universität falsche Feinde erschaffen, nur um einen Posten zu ergattern. Von denen, die nichts zu sagen haben und nur reden, um andere mit Verweis auf den ihren eigenen besonderen Opferstatus zum Schweigen zu bringen. Die Folge ist eine Ghettoisierung, die den Herrschenden besonders dann sehr gelegen kommt, wenn sich Minderheiten gegenseitig angreifen, um auszufechten, wer am meisten gelitten habe und nun auch vom »positiven Rassismus« vor allem profitieren solle. Manchmal befehlen diese »Antirassisten« sogar den Feministinnen zu schweigen. Eine solche einstweilige Verfügung wird im Namen der »Intersektionalität« ausgesprochen.

Obwohl Teil der edlen Absicht, die doppelte Unterdrückung als Frau und als Schwarze anzuprangern, beschleunigt die Intersektionalität die Abwärtsbewegung der Identitätspolitik. Ausgehend vom Afro-Feminismus der Juraprofessorin Kimberlé Crenshaw, die 1989 das theoretische Fundament dazu legte, sollte der intersektionale Feminismus den Kampf sowohl gegen Sexismus als auch Rassismus aufnehmen. Tatsächlich bringt er sie jedoch in Konkurrenz zueinander. Mitunter wird sogar der Vorwurf des Sexismus – und die Anzeige einer Vergewaltigung oder eines Vergewaltigers – untersagt aus Angst, dem Rassismus zu schmeicheln. Ein bezeichnendes Beispiel hierfür gibt die Anführerin der »Indigenen der Republik«, die der Ansicht ist, dass Vergewaltigungen, die von Moslems oder anderen potentiellen Opfern von Rassismus begangen werden, nicht angezeigt werden sollten. Konkret bedeutet dies: Harvey Weinstein darf wegen Vergewaltigung angezeigt werden, Tariq Ramadan nicht.

Die Frage lautet nicht mehr, ob ein Mann eine Frau vergewaltigt, sondern ob er einer bedrängten Minderheit angehört oder nicht. Sollte dies der Fall sein, so hat die Verteidigung der vermeintlich bedrängten Minderheit Vorrang vor der Anzeige der Vergewaltigung. Genau so dachten vor dreißig Jahren auch die sektiererischen Marxisten, als 1976 eine Feministin von einem eingewanderten Arbeiter vergewaltigt worden war und ihre Genossinnen sie dazu anhielten, die Tat nicht anzuzeigen. Sie warfen ihr vor, dem Proletariat zu schaden und den rassistischen Bossen in die Hände zu spielen.

Damals hat diese Aufforderung die Frauenbewegung noch schockiert. Die ein gutes Gedächtnis besitzen, wissen, wie gut linke Bewegungen sich darauf verstehen, den Kampf für die Frauenrechte ganz hinten auf die Tagesordnung zu setzen, wenn es um das große Ganze geht. Die neue Generation von Feministinnen macht sich diese Auffassung zu eigen, ohne sich dessen wirklich bewusst zu sein.

Das Patriarchat hingegen ist listig, es hat mehr als nur

einen Trumpf im Ärmel, sonst wäre es schon lange erledigt. Heute setzt es die Maske des »intersektionalen Feminismus« auf, um jungen Feministinnen einzureden, Kämpfe gegen die Genitalverstümmelung oder den Schleier spielten den Rassisten in die Hände, weshalb es angebracht sei, lieber säkulare und universalistische Feministinnen zu bezichtigen, sie seien schmutzige, weiße, islamophobe und bürgerliche Frauen. Das gilt auch, wenn sie selbst der moslemischen Kultur entstammen, ihre eigene Unterdrückung jedoch anprangern und sich nicht länger mit fundamentalistischen, sexistischen, homophoben und antisemitischen Bewegungen solidarisieren.

Die Intersektionalisten wollen die Islamisten als dominante Kraft nicht wahrnehmen, sondern vermengen sie lieber mit allen anderen Moslems, so als ob es eine einzige traute Gemeinschaft wäre, wenn sie sie nicht gar als bedrängte Minderheit, als Opfer des Rassismus des Westens halluzinieren. Ob sie nun vergewaltigen, verschleiern oder enthaupten, in dieser kruden Wahrnehmung sind sie vor allem eines: Rebellen und Verdammte dieser Erde, die versuchen, sich selbst zu dekolonisieren.

Im Namen einer solchermaßen verwirrten Vorstellung von »Subversion« unterstützte Michel Foucault begeistert das Regime Ajatollah Chomeinis im Iran. Um dies vor sich selbst rechtfertigen zu können, erklärte er die fanatischen Mullahs zur Stimme der Unterdrückten. Foucault stellte fest, dass die islamistische Regierung über eine politische Spiritualität verfüge, die die Welt verwandeln und der globalen Hegemonie des Westens und der Sowjetunion ein Ende setzen würde. Der Philosoph war sogar froh zu sehen, wie all die Frauen, die einst ebenso wenig ein Kopftuch trugen wie ihre Schwestern im Westen, plötzlich wieder den Schleier anlegen mussten. Erst als im Iran die Diktatur ausgerufen wurde und alle Gegner des Regimes ins Gefängnis kamen und gefoltert wurden, besann sich der Autor von *Überwachen und Strafen* plötzlich und wurde hellhörig. Doch da war es für viele im Iran bereits zu spät. Glück für ihn, dass er in Frankreich und nicht in Teheran geboren worden war. Er hatte daher nie die Möglichkeit, eine Umfrage im Evin-Gefängnis durchzuführen, jenem Knast, in dem diejenigen, die von den islamischen Normen und Gesetzen abweichen, nach vierzig Jahren noch immer gefoltert werden.[41]

Diese intellektuelle Blindheit setzt sich bei den Schülern des Meisters fort. Auch heute noch unterstützen Feministinnen und Antirassisten, die vorgeben, »subversiv« zu sein, die »Nation of Islam«, die Hamas, die Muslimbruderschaft oder das iranische Regime, manchmal sogar mit Hilfe der Soft Power und des amerikanischen Außenministeriums. Noch mehr Schützenhilfe bekommen sie von den Netzwerken der amerikanischen Universitäten, die eine ganze Generation von Dozenten und Studenten in Identitätspolitik geschult haben.

Die Identitätspolitik hatte einst durch radikale Kleinstgruppen und die in den 1990er Jahren auf amerikanischen Campus florierenden postkolonialen Studienprogramme an Dynamik gewonnen. Eine weitere gute Absicht, die am Ende schiefgelaufen ist. Ursprünglich waren Women's Studies und Post-Colonial Studies darauf aus, die koloniale und patriarchale Norm zu »dekonstruieren«. Sie waren sogar notwendig, um eine andere Sicht der Geschichte zu vermitteln, eine, die frei ist von normativen Scheuklappen und das Ziel formuliert, die vorherrschende Unterdrückung von Minderheiten zu beenden. Problematisch aber wird es, wenn ein kämpferischer Geist die Aufgabe, einen

---

41 Mitchell Cohen, »Un empire de la langue de bois: Hardt, Negri et la théorie politique postmoderne«, *Controverses*, Nr. 01, März 2006.

kritischen Geist zu vermitteln, nicht mehr erfüllt und Universitätsseminare nur mehr als einziges Ziel das Dogma der Identität verfolgen.

In Kanada gewann diese Ideologie die Herzen der Sympathisanten des Multikulturalismus und der Politik der Anerkennung im Sturm, bevor sie schließlich in Frankreich unter den Foucault- und Bourdieu-Schülern reüssierte.[42] Jeder, der es wagt, ihre Lehrmeinung in Frage zu stellen, riskiert, wegen Abweichung angeklagt zu werden, und selbstverständlich wird er nie wieder eine Stelle an der Uni finden.

Durch militante Dozenten wurden diese Studiengänge monopolisiert und zu intellektuellen Ghettos an den Hochschulen. Isabelle Barbéris, Autorin des Buches *Die Kunst der politische Korrektheit*,[43] ist sehr besorgt über diese neue unwissenschaftliche und kulturfeindliche Universität, deren Ursprünge sie im Reimport der von der amerikanischen Linken verkörperten French Theory sieht.[44] Diese Strömung habe schließlich den »rassischen Post-Foucaultismus« hervorgebracht. Das Paradoxe an dieser »performativen« Vorstellung von Identität ist, dass sie die Freiheit zur Selbstverwirklichung unabhängig von gesellschaftlichen und geschlechtsspezifischen Normen proklamiert, in Wirklichkeit aber genau das Gegenteil erreicht.

Indem man Gruppen von Menschen zu Opfergemeinschaften erklärt, werden Identitäten eingefordert und als solche verfestigt. Vergessen Sie das von Judith Butler

---

42 In Ce que n'est pas l'identité (Paris 2018, S. 26) spricht Nathalie Heinich von einer verschärften, von anglo-amerikanischen Universitäten getragenen Postmoderne, die sich auf eine weitgehend phantasierte French Theory berufe.
43 Isabelle Barbéris, L'Art du politiquement correct, Paris 2019, S. 45.
44 Ebd., S. 29.

behauptete Unbehagen der Geschlechter.[45] Die amerikanische Variante der French Theory erachtet den Schleier als den Gipfel subversiver »Performance«. Für ihre Propagandisten spielt es keine große Rolle, dass diese neue Mode mit der Rückkehr eines religiösen Fundamentalismus in Europa einhergeht, der eine klare Trennung der Rollen und Lebenswelten von Männern und Frauen fordert. Separatismus stellt kein Problem dar für eine Generation, die alle Menschen in »rassifizierte« und »nicht-rassifizierte« unterteilt und Trans-Gender von Cis-Gender unterscheidet, sofern das biologische dem identitären Geschlecht entspricht. Dies gipfelt in der Ankündigung von rassisch und geschlechtlich getrennten Veranstaltungen, denen jegliche kulturelle Annäherung oder Vermischung zuwider ist.

45 Judith Butler, Bodies That Matter: On the Discursive Limits of »Sex«, London und New York 1993. [Deutsche Ausgabe: Körper von Gewicht: Die diskursiven Grenzen des Geschlechts, Berlin 1995. A.d.Ü.]

In Kanada boykottieren sie jetzt sogar Yoga!

In Kanada, dem Musterland des Multikulturalismus, verlieren die Menschen beim Vorwurf der kulturellen Aneignung schnell den Kopf. Das Übel ist bereits sehr weit fortgeschritten und Kanada ein echtes Laboratorium, wenn es darum geht, herauszufinden, wohin diese Identitätskampagnen führen. Im Herbst 2015 versetzte eine Affäre selbst die an vielerlei Irrsinn gewöhnte Presse in Aufruhr. Während die Welt verblutete und auseinanderfiel, mobilisierte die Jugend Kanadas gegen einen Yoga-Kurs, der Studenten mit Behinderung seit über sieben Jahren gratis angeboten worden war.

Der Kursleiterin Jen Scharf wurde kurzerhand mitgeteilt, der Yoga-Kurs werde nicht mehr angeboten, denn das »Zentrum für Studenten mit Behinderung« bekam plötzlich Angst, sich eine indische Kultur anzueignen. Gespeist wurde die Angst dadurch, dass Indien und seine Bevölkerung »aufgrund des Kolonialismus und der westlichen Vormachtstellung Unterdrückung, kulturellen Völkermord und Vertreibungen erlitten haben.«[46] Zur selben Zeit wählte dieses kolonisierte Volk mit Narendra Modi einen Premierminister der extremen Rechten, der extrem antimoslemisch eingestellt ist.

---

46 Aedan Helmer, »Free Ottawa Yoga Class Scrapped Over Cultural Issues«, *Ottawa Sun*, 20. November 2015.

Er machte indessen kein Hehl daraus, dass er den Export von Yoga als »buddhistisches« kulturelles Markenzeichen zu fördern wünsche. Es wäre zu schön gewesen, wenn die Studenten des Ottawa College wenigstens aus diesem Grund den Yoga-Kurs boykottiert hätten. Doch weit gefehlt: Vielmehr betrachten sie alle Inder, Modi inbegriffen, als Opfer des Westens und den Boykott der Yoga-Kurse als eine Möglichkeit der Wiedergutmachung.

»Nach über dreißig Jahren des Journalismus dachte ich, bereits alles gesehen zu haben«, schrieb Nathalie Petrowski in der Tageszeitung *La Presse de Montréal*. Sie hatte jedoch das Gefühl, »diese neue Tendenz und ihre Diktate«, die sie als »Kulturpolizei« zu bezeichnen wagte, werde nicht die letzte böse Überraschung bleiben.[47]

Die folgenden Jahre enttäuschten diese Erwartung nicht. Die Kontroversen wurden immer absurder. Ein Musikfestival etwa verbot den Besuchern das Tragen indigener Kopfbedeckungen, und die Sängerin Natasha St. Pier wurde beschuldigt, Kultobjekte der Aborigines in Videoclips vorgeführt zu haben. Zwei Aufführungen des weißen Comedians Zach Poitras wurden abgesagt, weil er Dreadlocks trägt. Die Studenten der Universität Québec glaubten, in seinem Haar eine »Gewalt« gegen jene Menschen zu erkennen, die einer historisch beherrschten Kultur angehören. Die neue Generation kanadischer Studenten kann sich ganz und gar nicht entspannen, weder die Lachmuskeln, noch die Backenmuskeln.

Die beunruhigende Absurdität dieser Kampagne erklärt sich zum Teil durch die Geschichte Kanadas, die sowohl von englisch- als auch von französischsprachigen Kolonisatoren geprägt wurde. Beide haben diese polyglotte

---

47 Nathalie Petrowski, »Touche pas à ma culture«, *La Presse de Montréal*, 17. Dezember 2015.

Nation mit rücksichtsloser Gewalt auf dem Rücken und dem Land der Ureinwohner aufgebaut und, so wie dies auch bei den Aborigines in Australien oder den Indianern Nordamerikas der Fall war. Die Ureinwohner machen nur noch 4,3 Prozent der Bevölkerung aus. Weitverbreitete Drogen- und Alkoholsucht ebenso wie die Auswirkungen der Akkulturation bedrohen ihre Gemeinschaften. Das alles legt nahe, dass sie besondere Hilfe und Förderung benötigen. Das tieferliegende Problem besteht jedoch darin, dass das Recht auf kulturelle Autonomie, das den indigenen Minderheiten im Namen des Multikulturalismus zugesprochen wird, um etwas von dem ihnen zugefügten Unrecht wiedergutzumachen, heutzutage auf alle Minderheiten ausgeweitet und so ausufernd ausgelegt wird, dass die Einheit des Landes in Gefahr ist.

Kanada ist bekannt für seine tolerante Lebensart und seinen Bedarf an qualifizierten Einwanderern. Deswegen lässt die kanadische Gesellschaft auch sämtliche Exzesse der Ideologie des Multikulturalismus zu. Mit »Multikulturalismus« ist an dieser Stelle nicht der an sich positive multikulturelle Zustand einer Gesellschaft gemeint, sondern vielmehr die Tatsache, dass das Recht auf Minderheitenunterschiede durch öffentliche Maßnahmen gefördert wird, wodurch letztendlich das Gefühl der Zugehörigkeit und der gemeinsamen Grundsätze untergraben wird. Dies ist der Fall, wenn man Angehörigen einer Kultur oder einer Religion erlaubt, ihren Glauben und ihre Traditionen der Achtung der Gleichheit im Sinne »zumutbarer Anpassungen« den Vorzug zu geben.[48] Der durch die Gesellschaft gehende Riss vertieft sich zusehends.

48 Dieser Frage habe ich in La Dernière Utopie (Paris 2011) ein langes Kapitel gewidmet.

Das Gesetz zur »Anpassung« sollte ursprünglich schwangeren Frauen die Möglichkeit geben, ihre Arbeitszeiten selbst zu gestalten. Doch die eigentlich gute Idee wurde von religiösen Gruppen dazu missbraucht, das Prinzip der Gleichberechtigung der Geschlechter zu umgehen.

In den letzten Jahren wurden viele unsinnige Forderungen erhoben. Eine Jeschiwa verlangte z.b., die Fenster einer Sporthalle undurchsichtig zu machen, damit ihre orthodoxen Studenten nicht durch den Anblick von Sport treibenden schwitzenden Frauen verstört würden. Ein jüdischer Patient mit einer Handverletzung bat darum, als erster einer langen Schlange von Verletzten noch vor dem Schabbat behandelt zu werden. Mitglieder von Religionsgemeinschaften fühlen sich berechtigt, eine bevorzugte Behandlung einzufordern, und erhalten diese häufig auch, da Institutionen fürchten, irgendjemanden zu beleidigen. Dies war der Auslöser der Krise der sogenannten »zumutbaren Anpassungen« in Bundesstaat Québec. Um die Spannungen zu mildern, beauftragte die kanadische Regierung im Jahr 2007 die nach zwei Wissenschaftlern benannte Bouchard-Taylor Kommission, einen Bericht zu verfassen. Nach einem Jahr wütender Debatten und surrealistisch anmutender Darstellungen kamen die beiden Berichterstatter zu dem Schluss, dass nichts geändert werden sollte und die der Studie vorausgehenden Befürchtungen unbegründet und sogar rassistisch seien.

Es muss hierbei erwähnt werden, dass Charles Taylor, einer der Verfasser des Berichts, der »Papst« des Multikulturalismus ist, und zwar jener Variante, die Religionen gegenüber besonders tolerant ist. Er selbst ist »WASP«, heterosexuell und gläubig. Die amerikanische Rechte verlieh ihm für seine guten und loyalen Dienste den hochdotierten Templeton-Preis. Tatsächlich hat Taylor unter dem Vorwand, die »Politik der Anerkennung« voranzubringen, sein ganzes Leben lang gegen die Idee des Universalismus gearbeitet. Bei der Politik der Anerkennung geht es darum, unter dem Vorwand der Authentizität einer Kultur das Recht auf kulturelle Autonomie zuzuerkennen und sogar zu schützen, und dies selbst dann, wenn eine solche Kultur nur jenen Vorstellungen entspricht, die jener Intellektuelle, der auch ein politischer Mensch ist, ihr zuträgt. Manchmal indes bedauert er auch, dass sich die Welt in einen Wettbewerb der Opfer begibt, während die von ihm vorangetriebene Politik der Anerkennung diese Entwicklung zugleich befördert.

Seine Lehre ist enorm einflussreich, und die Anhänger der Ideologie des Multikulturalismus klammern sich seit Jahren an die kanadischen Universitäten.

Nichts ist für eine akademische Karriere riskanter, als sich dieser partikularistischen Lehre zu widersetzen und eine universalistische Position zu vertreten. Die Kulturpolizei hat sich in eine Gedankenpolizei verwandelt. Dies belegt das Schicksal des Chefredakteurs der Zeitschrift *Write*.

Im Jahr 2017 widmete die vierteljährlich erscheinende Zeitschrift der Writers' Union of Canada den Indigenen eine Ausgabe. Der Chefredakteur Hal Niedzviecki beschloss, zusätzlich zu den anderen Beiträgen einen Text zu veröffentlichen, der sich, gut fundiert, mit dem Konzept der kulturellen Aneignung auseinandersetzt. Eine durchaus übliche redaktionelle Praxis. Niedzviecki beklagte, dass eine allzu weiße Literatur unfähig sei, sich mannigfaltigere Erzählungen auszudenken, und plädierte für eine wechselseitige Inspiration: »Meiner Meinung nach sollte jeder, ganz gleich, woher er kommt und wie und wo er lebt, ermutigt werden, sich in andere Kulturen, andere Völker, andere Identitäten hineinzuversetzen. Ich würde sogar so weit gehen zu sagen, dass es einen Preis geben sollte – den

Aneignungspreis – für das beste Buch eines Autors, der über Menschen schreibt, die nur ganz entfernt etwas mit ihm selbst und seiner Kultur zu tun haben.« Bald versprach eine Anzeige unter der Überschrift »Winning the Appropriation Prize« demjenigen, der einen solchen Preis zuwege brächte, 5000 Dollar.

Kaum veröffentlicht, löste der Artikel einen Sturm der Entrüstung aus. Alice Elliott, eine in den USA geborene Schriftstellerin indigener Herkunft, fühlte sich von ihm »innig verraten«. Ihr eigener Artikel wurde in derselben Ausgabe von dem Chefredakteur redigiert, dem sie das Recht absprach, anders zu denken. Alice Elliott besitzt offensichtlich nicht die gleiche Fähigkeit, andere Meinungen zu tolerieren.

Nach einer Flut wütender Tweets und Blogs von Schriftstellern, die drohten, den Verband zu verlassen, sah Hal Niedzviecki sich zu einer Rechtfertigung genötigt. Er erklärte, dass er niemanden habe verletzen wollen, jedoch andererseits nicht verstehe, warum »kulturelle Aneignung die Indigenen verletze«. Der Proteststurm verstärkte sich daraufhin noch. Der Chefredakteur warf bald eingeschüchtert das Handtuch und trat zurück. Anstatt ihn zu verteidigen, entschuldigte sich die Redaktion für ihn: »Es ist die Absicht der Zeitschrift, eine anregende und aufrichtige Debatte über diesen Sachverhalt zu führen, und alle Beteiligten sind dazu herzlich eingeladen.« Die Redaktion der Zeitschrift hatte das Gefühl, versagt zu haben, da sie einem Schriftsteller erlaubt hatte, eine allzu komplexe und tolerante Sicht der Welt zu präsentieren. Dafür tat sie nun Buße und warf ihn hinaus. Schon war die »aufrichtige Debatte« wieder beendet.

All das erlittene Leid der indigenen Völker kann diese Art Gedankenpolizei nicht rechtfertigen, denn sie führt zu nichts Produktivem und macht auch nichts wieder gut.

Zudem behandelt sie die Indigenen wie unmündige Kinder. Sie legt nicht den Rassisten einen Maulkorb an, sondern vergrault ihre eigenen Unterstützer, die über diese Exzesse entsetzt sind. Sie unterdrückt die Demokraten, die Universalisten und die aufrichtigen Antirassisten, die zwischen loderndem Hass und derlei Dummheiten eingezwängt werden. Nur die ganz Tapferen, die sich ihrer Überzeugungen sicher sind, wagen dem noch zu widerstehen.

Der Widerstand von Kanata

Es ist schwer, eine Truppe zu finden, die kosmopolitischer und antirassistischer ist als das 1964 von Ariane Mnouchkine gegründete Théâtre du soleil. In Frankreich kennt jeder seine engagierten Stücke. *Le Dernier Caravansérail* (Die letzte Karawanserai) erzählt die Geschichte von Exilanten auf der Flucht vor Krieg und Elend. Zum Ensemble gehören Afghanen, Iraker, Kurden und Iraner, und das nicht zu Ausstellungszwecken, sondern weil diese Menschen wirklich ihre Kunst ausleben möchten. Jeder bekommt das gleiche Gehalt und muss alle Rollen übernehmen können, um Teil des Ensembles zu sein. Ein wahrhaftig praktizierter Universalismus.

Das Stück *Kanata* entstand in Zusammenarbeit mit Robert Lepage, einem Regisseur aus Québec, der für sein Engagement für Minderheiten bekannt ist. Geschildert wird in dem Stück das Leid, das den indigenen Völkern in ihren Heimatländern zugefügt wird. Das ambitionierte Schauspiel wurde gerade in Frankreich und Kanada aufgeführt, als eine üble Polemik losgetreten wurde, die auf eine andere Auseinandersetzung zurückging. Die vorangegangene Aufführung von Lepage, *SLAV*, thematisierte die Geschichte des Rassismus, indem sie das Leben eines schwarzen Migranten zu den Klängen von Sklavenliedern erzählt. Die Musik von Betty Bonifassi, deren Repertoire von Sklavenliedern inspiriert wurde, prangert den Rassismus an. Sofort warf man ihr ihre weiße Hautfarbe vor. Auf der Bühne waren ihre Background-Sängerinnen schwarz, und alle sangen im Einklang miteinander. Doch leider hatte diese musikalische Harmonie für die Inquisitoren der kulturellen Aneignung keine Bedeutung. Sie riefen lauthals »Skandal«, und nach drei Monaten und über 8000 verkauften Tickets wurde das Stück schließlich eingestellt.

Ermutigt durch die Absetzung des Stücks, vielleicht auch durch die allzu bereitwillige Entschuldigung von Robert Lepage, der gelobte, künftig vorsichtiger zu sein, sezierten die Zensoren nun sein Gesamtwerk und stießen auf den oben genannten Entwurf eines Werks über die Unterdrückung der Eingeborenen. Und wieder kam es zu Einschüchterungen, diesmal schon vorab. Achtzehn indigene Künstler und Intellektuelle und zwölf ihrer nicht-indigenen Kollegen unterzeichneten einen Aufruf in der Zeitung *Le Devoir*: »Wieder einmal soll ein Theaterstück ohne uns, den Indigenen, aufgeführt werden?«[49]

Der Text ist sehr höflich formuliert. So würden sie das Stück eigentlich gerne unterstützen, erklärten die Unterzeichner, jedoch nur, wenn die Unterdrückung der Indigenen nicht als eine schreckliche Seite der kanadischen Geschichte, sondern als ihre eigene Geschichte erzählt werden würde. Es sei ein Teil ihrer eigenen Biographie und Identität, über die sie selbst verfügen möchten. Sie forderten, dass das Stück, wenn schon nicht von Einheimischen erzählt, so wenigstens von ihnen aufgeführt werden solle: »Unsere Unsichtbarkeit auf der Bühne und im öffentlichen Raum schadet uns, und diese Unsichtbarkeit scheint Frau Mnouchkine und Herrn Lepage nicht weiter zu stören, denn niemand von uns soll an der Aufführung teilnehmen.«

Offiziell forderten sie keine Zensur des Stücks: »Wir

---

49 »Soll wieder einmal das Theaterstück ohne uns, die Autochthonen, aufgeführt werden?«, *Le Devoir*, 14. Juli 2018.

wollen niemanden zensieren. Das ist unserer Mentalität fremd und entspricht nicht unserer Art, die Welt zu sehen.« Ihr Vorschlag zur Güte lautete folgendermaßen: »Wir wollen, dass unsere Talente anerkannt und dass sie heute und in Zukunft wertgeschätzt werden, denn *wir existieren*. Einige von uns wurden von den Verantwortlichen von *Kanata* hinzugezogen. Doch wir glauben, dass Schauspieler aus unseren indigenen Nationen in dem Stück sich selbst auf der Bühne mit Stolz und Würde darstellen können.« Offensichtlich handelt es sich dabei um ein Casting-Angebot, doch ein von Erpressung begleitetes. Eine Offerte, die den Geist des Theaters missachtet, das allen Menschen erlaubt, in alle erdenklichen Rollen zu schlüpfen, ohne sich einem DNA-Test zu unterziehen.

Es ist kaum vorstellbar, dass Ariane Mnouchkine einem Schauspieler die Rolle entzöge, weil er nicht die »richtige« Herkunft besitzt. Zu ihrer Schauspieltruppe gehören über 24 Nationalitäten: Iraner, Afghanen, Iraker, Brasilianer, Chilenen, Hongkonger, Taiwanesen. Die Idee ihres Theaterkonzept besteht darin, den Menschen die Möglichkeit zu geben, alle Rollen zu spielen, insbesondere auch solche, die ihnen aufgrund ihrer Hautfarbe nie gegeben würden.

Die Theatertruppe arbeitete bereits das ganze Jahr, um ein harmonisches Ganzes zu schaffen. Sie konnte während der bereits laufenden Proben nicht unter Druck Neuankömmlinge aufnehmen, nur um einem Boykott zuvorzukommen. Zur Unterstützung ihrer Forderungen wiesen die Kritiker darauf hin, dass es in Kanada Zuschüsse für alle Aufführungen gebe, an denen Vertreter der Ureinwohner beteiligt sind: »Das Unternehmen Ex-Machina profitiert bereits von der Finanzierung durch den Conseil des arts et des lettres du Québec (Rat für Kunst und Literatur von Québec) und den Canada Council for the Arts. Wir wissen auch, dass sie Zuschüsse für gemeinsame Kunstprojekte mit Ureinwohnern erhalten können. Eine solche ›Partnerschaft‹ scheint uns eher eine Beteiligung der Ureinwohner als bloß eine Konsultation zu sein.«

Man kann sich gar nicht vorstellen, wie Kanada es schafft, angesichts dieser systematischen Subventionen von Projekten mit Indigenen nicht bankrott zu gehen. Warum gründen sie denn nicht einfach eine eigene Theatergruppe, anstatt andere unter Druck zu setzen? Warum scheiben sie nicht selbst ein Stück, anstatt Robert Lepage oder Ariane Mnouchkine zu bedrängen?

Ehe *Kanata* geschrieben wurde, dies immerhin anerkannten die Kritiker, seien viele Indigene konsultiert worden. Das Problem aber bestand darin, dass diejenigen, die nicht beteiligt wurden, beleidigt waren. Und die, die von dem Projekt ursprünglich begeistert waren, trauten sich aus Angst vor Kontroversen nicht mehr, es offen auszusprechen.

Ariane Mnouchkine glaubte anfangs noch an ein leicht aus der Welt zu schaffendes Missverständnis und beeilte sich, Vertreter der Indigenen in Québec zu treffen. Die Sitzung dauerte fünf Stunden ohne Unterbrechung. Es kam ein Dialog zustande.

Bewegt durch die im Hintergrund geäußerten Anschuldigungen unterbreitete Mnouchkine mehrere Vorschläge, zum Beispiel ein Festival der indigenen Theater im Théâtre du soleil zu organisieren. Zudem, sagte sie, könne der vierte Akt von *Kanata* gemeinsam geschrieben und dann auf dem Festival von Cartoucherie aufgeführt werden. Gutgläubige und ernsthafte Partner wüssten solch ein Verhalten zu schätzen, es gab ein offenes und ehrliches Angebot zur Zusammenarbeit. War es nicht das, was die Kritiker eigentlich gefordert hatten?

Kurz vor dem Abschluss einer gemeinsamen Erklärung beschuldigte jedoch eine Handvoll Radikaler, unter ihnen die Privilegiertesten der Versammlung, Mnouchkine, sie wolle »Frieden erkaufen«. Menschen der »richtigen« Abstammung, die damit auch über das nötige moralische Kapital verfügten, schafften es, die im Raum Anwesenden einzuschüchtern und ein gütliches Abkommen zu verhindern. Am Ende kamen zwei getrennte Kommuniqués heraus, doch versprach man, sehr zum Missfallen der obersten Inquisitoren, sich nochmals zu treffen.

Einmal nach außen gedrungen, wurden die Details des Treffens in den sozialen Medien und Netzwerken bis ins Letzte ausgebreitet, Widersprüche aufgebauscht und somit das, was noch zu retten gewesen wäre, schlussendlich kaputtgemacht. Mittels heftiger verbaler Attacken wurden diejenigen, die den Dialog fortsetzen wollten, eingeschüchtert. Die ganze Auseinandersetzung stellte den guten Willen auf die Probe, und die Aufführung drohte zu scheitern.

Ein amerikanischer Co-Produzent zog sich aus dem Projekt zurück. Da das Theater in Kanada mit Boykottaufrufen konfrontiert wurde, konnte auch die Produktionsfirma von Robert Lepage nicht mehr mitmachen und das nötige Geld nicht mehr aufgebracht werden. Der gehetzte Regisseur, der entgegen seiner wahren Gesinnung tagtäglich als abscheulicher Kolonialist beschimpft wurde, brach zusammen und gab schließlich auf. Ariane Mnouchkine akzeptierte zunächst zwar seine Kündigung, änderte dann jedoch ihre Meinung. Zur Begründung erklärte sie, es gebe ein denkbar schlechtes Beispiel ab und sei des Théâtre du soleil unwürdig, vor solchen Anschuldigungen einzuknicken.

Diese mutige Entscheidung hatte ihren Preis. Ohne Subventionen und ohne die kanadischen Einnahmen blieb dem Théâtre du soleil ein Budget von nur 300.000 Euro übrig, mit dem es haushalten musste. Viele Vorhaben wurden deswegen hintangestellt.[50] Der erste Akt des *Kanata*-Dramas war damit vorüber. Das Stück wurde im Dezember 2018 in der Cartoucherie in Paris aufgeführt. Es war weniger ambitioniert, doch extravagant, ohne Grenzen und Barrieren, getragen von Teamgeist und dem Wunsch, alle Menschen zu erreichen. Doch am Ende der Vorführung stand eine Handvoll Verleumder im Publikum auf. Deren Gezeter reichte allerdings nicht aus, um den lauten Applaus im Saal zu übertönen. Menschen aus Québec, einige von ihnen mit indigenen Wurzeln, zeigten sich fassungslos, dass ein solches Stück in ihrem Heimatland nicht aufgeführt werden konnte. Das Stück wurde inzwischen bereits in Italien und Griechenland gespielt, doch noch immer nicht in Kanada.

Es bedurfte einer unglaublichen Entschlossenheit, dem Zensurgeschrei entgegenzutreten. In einem Interview mit dem Magazin *Téléram* ließ Ariane Mnouchkine diese traurige Episode Revue passieren:[51] Die Journalistin begann das Interview mit der Frage, ob sie den Eindruck habe, tatsächlich das »Verbrechen« der kulturellen Aneignung begangen zu haben. Ihre Antwort sollte bei den jungen Leuten Gehör finden: »Diese Begrifflichkeiten haben für mich nicht die geringste Bedeutung. (…) Kulturen sind nicht das Eigentum von einzelnen Menschen. (…) So wie ein Bauer nicht verhindern kann, dass sich das Saatgut der verschiedenen Felder mischt, kann auch ein Volk, selbst wenn es auf einer entlegenen Insel lebt, nicht für sich beanspruchen, über eine gänzlich reine und unbeeinflusste Kultur zu verfügen.«

Nachdem sie mit diesem Bild die Kulisse geschmückt hatte, stellte Mnouchkine, eine Frau des Theaters, das

---

50 Das Theater hielt durch: dank der Unterstützung des Festival d'Automne, das dem Druck nicht nachgegeben hat.
51 Das Interview führte Joelle Gayot, *Télérama*, 19. September 2018.

Gleichgewicht vor, das es zu finden gelte: »Die Kulturen, und zwar sämtliche Kulturen, gehören uns allen, sie sind unsere Quellen und in gewisser Weise auch heilig. Wir müssen gewissenhaft, mit Respekt und Dankbarkeit aus ihnen schöpfen, doch wir können nicht akzeptieren, dass es uns verboten sein soll, uns ihnen zu nähern, denn dann werden wir in die Wüste zurückgedrängt.« Es geht also nicht darum, sich an den Quellen anderer laut und respektlos zu betrinken, vielmehr sollen wir uns einen gemeinsamen See teilen, aus dem jeder trinken können sollte.

Wer hat das Recht, uns aus diesem See, der die Kultur ist, zu vertreiben? »Die allerschlimmste Zensorin«, so warnt Mnouchkine, »ist unsere Angst. Es ist sehr beängstigend, des Rassismus bezichtigt zu werden, unsere Ankläger wissen das.« Die Gründerin der Theatergruppe ist jedoch aus einem anderen Holz geschnitzt. Sie weiß um die Tiefe ihrer Überzeugungen und lässt sich deswegen auch nicht beschuldigen oder einschüchtern. Andere aber sind nicht so stark. Ariane Mnouchkine ist sich dessen bewusst und über diese Entwicklung besorgt, was wiederum ihrem Widerstand gegen die neuen Inquisitoren Auftrieb gibt: »Wer hat Interesse daran, die Gesellschaft auf diese Art und Weise zu spalten?«

Wir schließen uns ihrer Frage an. Was ist der Sinn dieser Inquisition, die spaltet und zensiert? »Auf welche Art will sie uns die Solidarität und das Interesse am Gemeinwohl zurückgeben? Warum versuchen einige Ideologen, unsere Jugend zu täuschen, indem sie ihren Idealismus, ihre Empathie und ihren Durst nach Solidarität und Menschlichkeit negativ ausnutzen?«

Die Antwort darauf findet sich nicht im Theater, sondern an der Universität. Bei den Ideologen der Identitätspolitik, die sich einschreiben, anstatt zu lernen, etwas zu schaffen. Kurz nach jener Auseinandersetzung widmete die McGill-

Universität der Frage der kulturellen Aneignung einen runden Tisch.[52] Dabei handelte es sich um ein Seminar, das ganz offensichtlich auf die Positionen der beiden Zensoren des Theaterstücks ausgerichtet war: Alexandra Lorange, Autorin der oben zitierten Kritik, und Safie Diallo, Mitbegründerin des Collectif droit et diversité (Kollektiv für Recht und Vielfalt).

Die seltenen Einsprüche kamen von Maxime St-Hilaire, einem außerordentlichen Juraprofessor. Erschüttert von dem, was er als »eine Opferhaltung, die der Vernunft abschwört«, wahrnahm, widersprach er einer schier endlosen Kette von Argumenten, die in dem Prozess gegen die kulturelle Aneignung an diesem Tag vorgebracht wurden.[53] Besonders viele Vorwürfe zielten auf das Stück von Robert Lepage. Die Klage auf Aneignung lautet: »Die Schaffung eines Werkes, sei es musikalischer, literarischer, theatralischer, visueller oder filmischer Art, von mehreren Künstlern, die Angehörige einer oder mehrerer ›herrschender Kulturen‹ sind oder sich auf diese beziehen, ohne dabei die Erlaubnis von ›Vertretern‹ der ›beraubten Kulturen‹ eingeholt oder mit ›Angehörigen‹ Rücksprache gehalten zu haben.« Zu den inkriminierten »Tatbeständen« zählten jedoch auch »die Vergabe einer Rolle eines indigenen Charakters oder auch einer ›rassifizierten‹, sexuellen oder geschlechtlichen Minderheit an einen nicht-einheimischen oder nicht einer Minderheit angehörenden Schauspieler.« Da ist sie wieder, die Forderung eines Castings auf der Basis eines DNA-Tests.

---

52 Dieser fand am 23. Oktober 2018 auf Einladung der Runnymede Gesellschaft statt.

53 Maxime St-Hilaire, Die Kritik am Vorwurf der kulturellen Aneignung, dieses unglaublichen Sieges der Bilderstürmer, https://blog-ueaquidedroit.wordpress, 30. Oktober 2018.

Der folgende Punkt macht das noch klarer: Diese Wissenschaftler betrachten »eine Theaterproduktion als ›aneignend‹, sobald sie mit Schauspielern, Musikern, Sängern oder Künstlern besetzt wird, die nicht ›repräsentativ‹ für den Inhalt des Stückes sind.« Wie beurteilt man denn die »rassische Repräsentativität« eines Schauspielers? Indem man ihn bittet, auf ein Wattestäbchen zu urinieren oder ihm einen Kamm durch die Haare zieht, wie es einst die Polizisten des Apartheidsregimes in Südafrika taten? Diese Details werden dann wohl in einem folgenden Seminar erörtert werden.

Castings auf Grundlage
von DNA-Tests?

Der Film ist ein mächtiger Botschafter des Universalismus. Durch die Beobachtung fiktionaler Figuren lernt man, sich mit anderen zu identifizieren, ein anderes Leben als das gewohnte eigene zu führen, manchmal größer, härter oder mutiger zu sein, als man ist, über sich selbst hinauszuwachsen. Ein Film kann unser Herz ergreifen, uns die Eingeweide umdrehen, die Haut verbrennen und mittels einer anderen Identität unsere Seele an einen anderen Ort bewegen, in einen anderen Körper, in ein anderes Leben.

Durch den Film habe ich gelernt, auf meine Wünsche und Bedürfnisse zu hören. Sein Blick auf die Welt erlaubte es mir, auch ohne ein direktes Vorbild um mich herum zu verstehen, wer ich eigentlich bin. Der Film *When Night is Falling* (Wenn die Nacht beginnt) erschien 1995. Zum ersten Mal war darin eine Liebesbeziehung zwischen zwei Frauen zu sehen. Eine Professorin, die an einem christlichen College lehrt, verliebt sich in eine farbige Zirkusartistin. Diese Begegnung verändert ihr Leben, und ihre Küsse veränderten mein eigenes.

Ich habe lange gezögert, mir den Film anzusehen, und kam schließlich mit bangem Herzen zu spät zur Vorführung. Es war nur noch ein Platz in der ersten Reihe frei. Diese Liebesgeschichte traf mich mitten ins Herz und lenkte meine Gedanken auf eine Sehnsucht, die ich mir selbst nicht einzugestehen wagte. Auf dem Heimweg war ich dann so aufgeregt, dass ich vor ein Auto lief und fast überfahren worden wäre. Dieser Film überzeugte mich, dass es an der Zeit sei, aufzuhören, mich selbst zu belügen. Ich liebe Frauen und habe es schon immer getan. Es war an der Zeit, dies öffentlich zu machen, koste es, was es wolle.

In den Jahren nach meinem coming out habe ich mir dann jeden Lesbenfilm angesehen. Bis dahin hatte ich mich mit jungen Männern identifiziert, ganz besonders wenn sie hübsche junge Frauen küssten, und ich tue es auch heute noch. Dennoch freue ich mich natürlich, dass es mehr offen lesbische Schauspielerinnen gibt, und noch mehr freue ich mich über Figuren im Film, die mir ähnlich sind. Als Filmemacherin möchte ich Filme für die kommenden Generationen machen. Ich käme jedoch nie auf die Idee, einer heterosexuellen Frau zu verbieten, eine Lesbe zu spielen, wenn sie es glaubwürdig und gut macht. Ganz im Gegenteil, es beweist, dass unsere Kämpfe Erfolge zeitigen und die Barrieren allmählich verschwinden.

Zwanzig Jahre nach meinem coming out kam *La Vie d'Adèle* (Blau ist eine warme Farbe) ins Kino. Ich lebte schon lange in einer Beziehung, fühlte mich wohl in meiner Haut und mit dem, was ich war. Ich habe mir den Film nicht angesehen. Der eigentlich sehr talentierte Regisseur Abdellatif Kechiche hielt mich mit seinem überaus männlichen Blick davon ab. Ich sah mir den Film schließlich zu Hause im Fernsehen an. Ich fand ihn lebhaft und stark; sogar brillant in dem Sinne, dass der Regisseur Feuer und Flamme für das Thema und auch fähig ist, alle Genres zu bedienen. Die Sexszenen fand ich allerdings so falsch dargestellt, dass ich dabei immer wegschauen musste. Doch zu keinem Zeitpunkt wäre ich auf die Idee gekommen, den Film verbieten zu wollen. Ich konnte ja wegschauen oder einfach einen anderen, besseren Film machen, was ich schließlich mit *Sœurs d'armes* (Waffenschwestern) auch getan habe.

Ich beschloss, mich auf die Spuren einer jungen Jesidin zu begeben, die sich dem kurdischen Widerstand angeschlossen hatte, um sich am IS zu rächen. So konnte ich eine Geschichte erzählen, die nicht meine eigene war, jedoch meinen Überzeugungen entsprach. Ich versetzte mich sowohl in die männlichen als auch die weiblichen Figuren. Ich konnte die Wut einer jesidischen Heldin und ebenso die Perversion eines Dschihadisten verstehen, denn ich beschäftigte mich schon seit vielen Jahren mit diversen extremistischen Strömungen. Es war meine erste Arbeit als Drehbuchautorin: Als solche muss man sich in das Leben anderer einfühlen und zugleich eine fiktionale Geschichte entwickeln. Diese Tätigkeit zwingt einen, alle Standpunkte nachzuvollziehen, Dinge zu hören und zu sehen, die uns fremd sind. Nun aber versuchen die Inquisitoren, genau in dieser grenzenlosen Welt Zäune zu errichten und Castings auf der Grundlage von DNA-Tests einzuführen, Rollen zuzuweisen und das Recht, einen anderen darzustellen und zu verkörpern, unter Strafe zu stellen. Jeder sollte das Recht haben, etwas zu schaffen und sich in der Öffentlichkeit zu Wort zu melden, das gilt auch für Dreckskerle, insofern sie Leute finden, die mit ihnen arbeiten wollen.

Ich wollte *J'accuse* (Intrige) von Roman Polanski nicht im Kino sehen, denn ich konnte es nicht ertragen, dass er bei der Produktion des Films mit Dreyfus verglichen wurde. Es wäre mir sehr fragwürdig vorgekommen, ihm Tribut zu zollen, während gleichzeitig immer mehr Frauen ihn der Vergewaltigung bezichtigen. Dennoch würde ich nicht gegen ihn demonstrieren oder das Verbot seiner Werke fordern. Filme und Kunstwerke besitzen eine eigene Seele, denn sie sind das Ergebnis einer kulturellen

Schöpfung. Manchmal sind sie besser als ihr Schöpfer, und sie haben ein Recht, als Kunstwerke unabhängig von der Persönlichkeit des Künstlers beurteilt zu werden. Der Film *J'accuse* von Roman Polanski hält auch eine politische Botschaft bereit, nämlich die Kritik am Antisemitismus, die sich vor allem die Idioten in Seine-Saint-Denis anhören sollten, die den Film verbieten wollen.

Zwar ist in diesem Fall der Zorn der Feministinnen nicht unbegründet. Doch etwas anderes ist es, wenn Inquisitoren einem Regisseur allein aufgrund seiner Identität, seines Geschlechts, seiner Lebensweise oder seiner Hautfarbe verbieten wollen, etwas zu produzieren, ganz so wie es Kathryn Bigelow mit ihrem Film *Detroit* widerfuhr. In Hollywood werden jedes Jahr nur acht Prozent der Blockbuster von Frauen gedreht. Kathryn Bigelow ist eine der wenigen Regisseurinnen, die das zustande bringt. Sie dreht keine intimen Filme. In *The Hurt Locker* (Tödliches Kommando) setzt sie sich mit Gewalt und Krieg auseinander, ebenso in dem Film *Zero Dark Thirty*, der von der Jagd auf Osama bin Laden handelt. Die Tatsache, dass sie ein so heikles Thema wie die Rassenunruhen in Detroit 1967 gewählt hat, ist ein Glück für all diejenigen, die Gefahr laufen, bei Polizeikontrollen erschossen zu werden.

Dieses Thema ist kein gefälliges, besonders heute in Trumps Amerika nicht, und es verlangt Mut, es anzusprechen. Man benötigt einen bekannten Namen und eine gute Besetzung, um einen solchen Film machen zu können. Wenn eine der großen afroamerikanischen Vereinigungen dagegen protestiert, wird er sicherlich abgelehnt werden, und dies wiederum wird zur Folge haben, dass auch andere Filmemacher zukünftig von dem Thema die Finger lassen werden.

Kathryn Bigelow hat alles getan, um genau das zu verhindern und den Film erfolgreich zu Ende zu bringen. Sie wurde bei diesem Thema von »Experten« der afroamerikanischen Community beraten, die hoffentlich vor allem wegen ihrer Kenntnis jener Epoche ausgewählt worden waren. Heutzutage tendiert man jedoch eher zu Vorsichtsmaßnahmen.

Im Film wie im Verlagswesen wird es immer üblicher, Manuskripte und Drehbücher von sogenannten *sensivity readers* genehmigen zu lassen, nämlich von Lektoren, die aufgrund ihrer Herkunft oder ihrer Identität über die notwendige Sensibilität verfügen sollen. So zum Beispiel Sarah, eine marokkanische Lektorin, die sich selbst in ihrem Blog als Spezialistin für den »Islam, marokkanische Politik und Kultur, Rassismus« sowie für »Vergewaltigungen und post-traumatische Syndrome« bezeichnet. Ihre Sensibilität wird nach gelesenen Zeilen abgerechnet, und selbstverständlich handelt es sich nur um Ratschläge: »Wir leiten nur Autoren an, die uns kontaktieren und um Hilfe bitten: Es steht ihnen frei, unserem Rat zu folgen oder nicht«, versichert sie.[54] Oh wie gnädig, das Sensibilitätsbüro ist denn doch keine Zensurbehörde. Es dient lediglich als Schutzschild gegen alle möglichen Vorwürfe, die einem wegen kultureller Aneignung gemacht werden könnten. Als ob es keine Öffentlichkeit gäbe, die selbst darüber urteilen könnte.

Häufig werden Verleumdungskampagnen von Organisationen initiiert, die den betreffenden Film nie gesehen haben. Begründet wird die Ablehnung dann ausschließlich mit der DNA derjenigen, die im Film mitspielen oder ihn gedreht haben. Selbst dem so begabten Spike Lee, dem wohl berühmtesten afroamerikanischen Regisseur, warf man vor, dass er einen Film über Gewalt in Chicago dreht,

---

54 Romain Jeanticou, »Lu et approuvé«, *Télérama*, 19. September 2018.

wo er doch aus Brooklyn kommt. Das Politbüro begnügt sich nun nicht mehr damit, anhand der »Rasse« zu urteilen, es geht jetzt auch noch um die Meldeadresse und die Nachbarschaft.

Man kann die Schauspielerinnen und Schauspieler, die auf eine Rolle verzichten mussten, weil sie für nicht schwarz genug befunden wurden, schon gar nicht mehr zählen. Zoe Saldana hätte fast die Rolle der Nina Simone ablehnen müssen. Welche Talente muss man denn überhaupt haben, um eine große Persönlichkeit wieder zum Leben zu erwecken? Die richtige Pigmentierung oder den richtigen Seelenquotienten? Die Epidermis-Besessenen haben es geschafft. Scarlett Johansson wird nicht Dante Gill, einen transsexuellen Zuhälter aus den 1970er Jahren, spielen. Obwohl er sein Geschlecht erst kurz vor seinem Tode gewechselt hat, forderten Aktivisten, die Rolle einem Transsexuellen zu geben.

Solche Anschuldigungen werden bisweilen von Schauspielerinnen erhoben, die selbst die Rolle nicht bekommen haben. In diesem Fall kamen die Aufschreie von Trace Lysette (die in *Transparent* mitspielt) und von Jamie Clayton, also von zwei Schauspielerinnen, die es hassen, auf die Rolle von Transsexuellen reduziert zu werden, und dennoch diesen Anspruch erheben, wenn es darum geht, eine Konkurrentin zu kritisieren: »Transsexuellen Schauspielern werden nicht einmal die Rollen von Transsexuellen angeboten«, schreibt Jamie Clayton auf Twitter: »Es ist leider wahr: Wir können noch nicht einmal auf diesem Feld punkten. Ich fordere alle auf, Transen für die Rollen von Nichttransen einzustellen!« Also noch ein Casting-Angebot, das als Erpressung formuliert wird.

Man kann den Wunsch einer Schauspielerin verstehen, eine Rolle angetragen zu bekommen, die sie anspricht. Aber wie kann man akzeptieren, dass eine Transfrau, die

Rollen von heterosexuellen Frauen spielt, die gleiche künstlerische Freiheit für Nicht-Transfrauen ablehnt? Jamie Clayton, bekannt für ihre Rolle in *Sense 8* auf Netflix, spielte bereits mehrere heterosexuelle Frauen auf ganz wunderbare Weise. Sie würde sich beschweren, wenn die Produzenten ihr nicht zutrauten, auch andere Rollen zu spielen, und hätte damit vollkommen recht. Warum sollte man auch einer heterosexuellen Frau plötzlich verbieten, eine Transfrau zu spielen?

Man muss auch die Kehrseite der Medaille sehen. Wenn diese Regeln im Film durchgesetzt werden, dann dürfen Schauspieler, die einer Minderheit angehören, auch nur noch Angehörige von Minderheiten darstellen und keine anderen Rollen mehr spielen. Sollte es nicht vielmehr darum gehen, die Möglichkeiten der Darstellungen zu vervielfältigen? Doch ein solches Ziel ist den Identitätsfreaks offensichtlich zu hoch

Der Vorsitzende der NGO Transgender Europe hat es sogar als »transphob« bezeichnet, Scarlett Johansson die Rolle einer Frau zu übertragen, die ein Mann werden möchte. Und er ging noch weiter und sagte, in der Öffentlichkeit entstünde der Eindruck, dass Transsexuelle nichts anderes als verkleidete Männer oder Frauen seien. An dieser Stelle lag er offensichtlich völlig daneben. Die amerikanische Schauspielerin hätte eine Frau spielen sollen, die sich erst ganz am Ende ihres Lebens einer Geschlechtsumwandlung unterzogen hat. Warum sollte diese Rolle von einer Transsexuellen gespielt werden? Und vor allem: Warum wird eine große Hollywood-Schauspielerin davon abgehalten, eine Rolle zu spielen, die dazu beiträgt, Vorurteile gegen Homosexualität abzubauen? Der neue Film ohne sie wird schwieriger in die Kinos zu bringen sein. Er wird geringere Mittel zur Verfügung und auch ein geringeres Echo haben.

Eine weitere, ebenso ungerechtfertigte Kontroverse betraf den Film *Girl*. Der Regisseur Lukas Dhont hatte jahrelang daran gearbeitet, diesen ersten, von einer wahren Geschichte inspirierten Film zu drehen. Bevor er das Drehbuch schrieb, wollte er ursprünglich einen Dokumentarfilm über seinen Helden drehen, einen kleinen Jungen, der davon träumte, Tänzerin zu werden. Dieses kleine filmische Juwel hat die Öffentlichkeit aufgerüttelt, gerade in den Ländern, in denen Transsexualität noch immer verboten ist. Anstatt sich darüber zu freuen, legten ihm Aktivisten Steine in den Weg. Nicht alle: Der Film wurde mit der Queer Palm ausgezeichnet. Doch viele Transaktivisten hassten ihn dafür. Sie haben freilich alles Recht der Welt, ihn nicht zu mögen. Es ist auch völlig legitim, dass sie in Interviews kundtun, wie sehr ihnen der Film gefällt oder vielmehr missfällt. Dazu sind Filme da. Doch einige gingen so weit, dem Regisseur das Recht abzusprechen, sich überhaupt mit solchen Themen auseinanderzusetzen, weil er »cis-gender« ist.

Andere warfen ihm vor, ein allzu unheilvolles Porträt des Jungen gezeichnet zu haben, das diesen nur als Opfer zeige. Hört, hört! Es ist nun einmal so, dass der Film auf einer wahren Geschichte basiert, nämlich der von Nora Monsecour. Er hat nicht den Anspruch, alle Transgeschichten zu erzählen, sondern nur ihre. Genauso wie Filme über heterosexuelle oder »Cis-gender«-Figuren nur deren Geschichte erzählen möchten.

Wenn Transsexuelle ihre eigenen Geschichten erzählen wollen, sollten sie hinter die Kamera gehen und selbst Filme drehen, anstatt die Filme anderer Leute niederzumachen.

Es gibt Rollen, in denen Schauspieler, da ihre Identität mit der der Figuren, die sie verkörpern, übereinstimmt, an Authentizität gewinnen. So etwa wenn Laverne Cox, eine wirkliche Transperson, Sophia Burset in *Orange is the New Black* spielt. Oder wenn Peter Dinklage den zwergenhaften Strategen in *Game of Thrones* spielt. Zu beachten ist dabei, dass es sich um Serien handelt, also um ein Universum, in dem man Zeit hat, Figuren zu entwickeln, und wo sich das Casting von Schauspielern nicht ständig nur um das Geld dreht, das nötig ist, um das Projekt zu finanzieren. Die zudem auch wunderbar verkörperten Figuren Sophia Burset und Tyrion Lannister werden tiefgründig und komplex interpretiert. Peter Dinklage ist nicht nur der Zwerg aus *Game of Thrones*, es ist ihm auch gelungen, die intelligenteste, vernünftigste und überraschendste Figur der Serie zu werden, mit der sich die meisten Zuschauer identifizieren. Eine kraftvolle und beispielhafte Entwicklung. Ob Sie es glauben oder nicht: Auch Peter Dinklage machte man Vorwürfe wegen »kultureller Aneignung«.

Die Affäre übersteigt das Fassungsvermögen. Dank dem weltweiten Erfolg der Serie konnte der Schauspieler den Film seiner Träume realisieren: ein Hervé Villechaize gewidmetes Biopic. Villechaize war einer der berühmtesten Zwergendarsteller in der Geschichte des Fernsehens. Mit seinem Topfschnitt, seinem weißen Kostüm und seiner Fliege spielte er, stets etwas gallig und ironisch, Tattoe in der Serie *Fantasy Island* und den »Schnickschnack« in dem James-Bond-Film *The Man with the Golden Gun* (Der Mann mit dem goldenen Colt): einem der wenigen erfolgreichen Filme, in dem ein Zwerg keinen Zwerg, sondern eine wirkliche Figur spielt. An diesem Modell orientierte sich auch der Schauspieler von *Game of Thrones*. Peter Dinklage und Hervé Villechaize waren Freunde. Nach dessen Tod wollte Dinklage einen Film über Villechaizes Leben machen und seine Rolle spielen. Man kann sich die Schwierigkeit vorstellen, ein solches Vorhaben zu finanzieren. Und während er sich um die Finanzierung sorgte, sah er sich obendrein von Anklagen wegen kultureller Aneignung bedroht.

Überzeugt, dass Hervé Villechaize ein Filipino gewesen sei, bezichtigte man den Regisseur im Internet des »Whitewashing« und »Yellowfacing«! Dabei handelt es sich in der Tat bloß um einen Irrtum auf der Wikipedia-Seite... Obwohl er braun aussah, war der Schauspieler ein weißer Franzose. Manche glaubten, »Schlitzaugen« in seinen Zügen zu erkennen. Da ist man von »Zwergenphobie« nicht mehr weit entfernt. Peter Dinklage verstand es, so höflich zu sein, vor diesen Leuten nicht gleich auszuspeien. »Diese Leute glauben, politisch und moralisch im Recht zu sein und Dinge voranzubringen, doch sie beurteilen Villechaizes ethnische Herkunft, über die sie allerlei Mutmaßungen anstellen, allein aufgrund seiner äußeren Erscheinung.«[55]

Bestürzt über diesen Rummel, lieferte er Details zur Abstammung seines Freundes: »Hervé war kein Filipino. Ich habe seinen Bruder und andere Angehörige seiner Familie getroffen. Er war Franzose und hatte deutsche und englische Vorfahren.« Der Schauspieler, der im Wettbewerb der am meisten benachteiligten Minderheiten gar nicht so schlecht dasteht, forderte seine Kritiker freundlich auf, ihre Ressentiments zu überdenken. Denn die Identitären sind nicht die neuen Antirassisten, sondern vielmehr die neuen Rassisten.

Wegen all dieser absurden Anschuldigungen werden Angehörige von Minderheiten in Filmen nie dargestellt werden. Die Produzenten werden sich solcher Sujets nicht mehr annehmen wollen. Stellen Sie sich mal vor, wie viele Meisterwerke verlorengegangen wären, wenn diese Men-

---

55 Robert Moran, »He Wasn't Filipino«: Game of Thrones Star Rubbishes Whitewashing Claims, *The Sydney Morning Herald*, 30. August 2018.

talität früher schon vorgeherrscht hätte. Richard Berry hätte niemals einen arabischen Polizisten in *L'Union sacrée* (Waffenbrüder) und auch nie einen Armenier in *Mayrig* (Die Straße zum Paradies) gespielt. Anthony Quinn, halb irisch, halb mexikanisch, hätte niemals *Alexis Sorbas* spielen können. Und Marlon Brando, der aufgrund seiner französischen, deutschen, niederländischen, irischen und englischen Herkunft in vielen Metiers reüssieren konnte, wäre doch nicht italienisch genug gewesen, um den *Paten* zu verkörpern!

Wenn man sich auf diese fatale Logik einlässt, kommt man zu dem Schluss, dass Rollenspiel prinzipiell nicht mehr erlaubt ist. Wenn man nur noch Figuren darstellen darf, deren Identität mit der eigenen übereinstimmt, wenn Transen nur noch Transen spielen dürfen, Homosexuelle nur noch Homosexuelle, Heterosexuelle nur noch Heterosexuelle und Behinderte nur noch Behinderte, wie bitteschön sieht es dann in Science-Fiction-Filmen aus? Müssen wir dann einen blauen Mann für die Rolle in *Star Trek* finden? Und wer wird den Zombie spielen?

Würdigung oder Raub

Es gibt durchaus auch Fälle, in denen Aneignungen unangebracht sein können: etwa wenn sich eine Person, eine Gruppe oder ein Unternehmen des »geistigen Eigentums« eines Kunstwerks, einer Neuschöpfung oder einer Entdeckung bemächtigt, ohne die Rechte des Autors oder ein Patent zu wahren. Ein solcher Diebstahl berechtigt zum Schadensersatz. Dazu muss der Kläger den Nachweis erbringen, dass er der ursprüngliche Schöpfer war. Ein solches Verfahren ist aber wesentlich komplizierter, wenn es sich um sogenanntes kulturelles Eigentum handelt. Eine unangebrachte Aneignung dieser Art liegt etwa vor, wenn Museen Raubkunst ausstellen oder wenn eine mächtige Organisation oder eine Firma sich aus kommerziellen Gründen eines Symbols bemächtigt, das eine unterdrückte Kultur repräsentiert.

Die Frage nach der Legitimität einer Aneignung ist ebenfalls legitim, wenn ein großer Pharmakonzern eine traditionelle Behandlungsmethode kommerzialisiert, ohne diejenigen, die sie bewahrt und überliefert haben, am Gewinn zu beteiligen. Aneignungen dieser Art werden immer häufiger durch die Weltorganisation für geistiges Eigentum reglementiert. Auf Initiative lokaler Gemeinschaften entwickeln die Mitgliedsstaaten international gültige Rechtsinstrumente, um den wirksamen Schutz »traditionellen Wissens, genetischer Ressourcen und traditioneller kultureller Ausdrucksformen (Folklore) zu gewährleisten«. »Viele bekräftigen, dass die Nutzung traditionellen Wissens eine informierte, freiwillige und vorangehende Zustimmung zur Voraussetzung erfordert, besonders im Hinblick auf heilige und geheime Elemente.« In dem Dokument steht jedoch auch, man befürchte, »die Gewährung eines exklusiven Rechts für traditionelle Kulturen könne die Innovation hemmen und den öffentlichen Bereich einschränken, zudem sei es schwierig in die Praxis umzusetzen.«

Stellen wir uns vor, eine traditionelle Gemeinschaft würde Aloe Vera oder die Afrikanische Teufelsklaue (eine Pflanze aus Namibia, die äußerst wirksam gegen Rheumaerkrankungen ist) als heilig und deshalb als integralen Bestandteil und Eigentum einer bestimmten Kultur ansehen. Sollte man diese Art von Monopol im Namen der Kultur respektieren und andere Menschen, denen die Pflanzen helfen könnten, leiden lassen? Die Lösung besteht darin, sich sowohl für eine ökologische Landwirtschaft als auch für einen gerechten Handel zu engagieren. An solchen konstruktiven Kämpfen haben Identitäre jedoch nur wenig Interesse. Wer ihren Argumenten folgt, kann zu dem Ergebnis kommen, dass etwa der Disney-Konzern die Existenz des Planeten bedroht.

Das große Medieninteresse an der Kritik von Disney ist nachvollziehbar. Es gibt wenige Konzerne, die einen solchen Einfluss auf unsere Phantasie haben. Es wäre tragisch, wenn Disney immer nur die Geschichte von Schneewittchen und niemals die von Mogli erzählen würde; oder von anderen Figuren, die so vielfältig sind wie die Kinder unserer Erde. Das ist auch nicht der Fall. Das Filmstudio ist darauf bedacht, ganz unterschiedliche Kulturen zu repräsentieren und sich dabei von Geschichten aus allen Erdteilen inspirieren zu lassen. Und eben das machen die Inquisitoren Disney zum Vorwurf. Mit seiner Offenheit für Vielfalt hat sich das Unternehmen eine Flut von Anklagen wegen kultureller Aneignung eingehandelt. Die meisten davon sind absurd, aber durchaus nicht alle.

Nehmen wir den von einer polynesischen Legende inspirierten Fall Vaiana. Man kann nur erfreut darüber sein, dass Disney diese Legende und damit auch diese Kultur dem breiten Publikum bekanntgemacht hat. Die Kritik hatte denn auch weniger mit dem Film als mit den Merchandising-Produkten zu tun. In der überlieferten Legende ist der Gott Maui nur mit Lendenschutz und Halskette bekleidet. Als Verkleidung für die Disney-Puppe sah die Firma jedoch ein mit Tätowierungen bedecktes Kleid vor. Darüber zeigten manche Polynesier sich entsetzt, denn in ihrer Kultur erzählen Tätowierungen eine persönliche Geschichte. Standardisierte Tätowierungen, wie sie die Disney-Figur zur Schau stellte, ergeben wenig Sinn. Ein aus Fidschi und Tonga stammender Journalist zeigte sich angesichts der Kleidung gekränkt: »Die Zeichen eines Volkes zu tragen, dem man nicht körperlich oder spirituell angehört, gilt als äußerst respektlos[56].« Ist es denn notwendig, mit einer Kultur »körperlich oder kulturell« verbunden zu sein, um deren Symbole tragen zu dürfen? Dann hätte man auch kein Recht mehr, sich zu verkleiden oder Theater zu spielen. In diesem Fall handelte das Unternehmen wohl falsch. Disney hätte sich vor dem Entwurf eines polynesischen Kostüms informieren sollen. Man hätte jeder Puppe einen Baukasten zur eigenhändigen Gestaltung von Tätowierungen beilegen können, um der polynesischen Kultur möglichst gerecht zu werden. Das Problem besteht allerdings nicht darin, dass man sich von einer fremden Kultur inspirieren lässt, sondern dass man eine falsche Interpretation verbreitet.

---

56 Arieta Tegeilolo Talanoa Tora Rika, How Did Disney Get Moana So Right and Maui So Wrong?, BBC News, 21. September 2016.

Ein anderer berechtigter Vorwurf, der sich gegen Disney richtete, betraf das Lied »Hakuna Matata«. Dieser kisuahelische Ausdruck, der so viel wie »kein Problem« bedeutet, ist zu einem der markantesten Sprüche in dem Film *König der Löwen* geworden. Dies ist zweifellos als Würdigung zu verstehen. Ein Film darf selbstverständlich seine Figuren in der Sprache seiner Wahl reden lassen. Der Ärger begann, als Disney entschied, sich den Ausdruck markenrechtlich schützen zu lassen, um ihn auf T-Shirts drucken zu können. Man kann jedoch mit noch so großem Aufwand nicht einfach behaupten, Urheber eines Ausspruchs zu sein, den im subsaharischen Afrika etwa 150 Millionen Muttersprachler täglich verwenden. Afrikanische Journalisten haben sich verständlicherweise darüber aufgeregt.[57] Man hätte es durchaus gutheißen können, wenn ein Suaheli-Muttersprachler eigene Hakuna-Matata-Shirts produziert hätte, ohne Disney am Gewinn zu beteiligen.

Weitaus schwieriger ist der Ärger nachzuvollziehen, den eine Bloggerin hinsichtlich einer Hose der Firma Zara verspürte. Die Hose erinnerte von ferne an einen Sarong, eine indonesische Männerhose, die auf besondere Art verknotet wird. Anders als Zara glaubte die Bloggerin sich berechtigt, sich die Hose »anzueignen«, weil auch ihr Onkel eine getragen habe.[58] Aber hatte sie wirklich mehr Recht auf dieses Kleidungsstück als der Bekleidungskonzern? Handelt es sich hierbei wirklich um Raub? Gewiss, die vom Hersteller verkauften Hosen fallen tatsächlich locker aus. Sie werden auch auf ähnliche Art verknotet, aber der Stoff

57 Barthélemy Dont, Disney accusé d'appropriation culturelle pour l'expression »Hakuna Matata«, *Slate*, 18. Dezember 2018.
58 Elizabeth Segran, Zara Just Culturally Appropriated My Uncle's Sarong and Wants to Charge $100 For It, *Fast Company*, 31. Januar 2018.

ist ein ganz anderer, und das Muster wirkt eher schottisch... Sollte man die Herstellung von Hosen mit Reißverschlüssen in Asien verbieten, weil sie aus Europa stammen? Der Ärger der Bloggerin wurde noch dadurch gesteigert, dass die Hose der spanischen Marke zehnmal mehr kostet als ein Sarong aus Indonesien. Aber wer zwingt sie, das Kleidungsstück zu kaufen? Ich selbst kaufe einen Sarong, wenn ich Indonesien besuche. Angesichts des Preises bete ich, dass sie nicht von Kindern genäht wurden. Und, nein, mein Onkel trug keine. Dieser vereinzelte und groteske Vorwurf konnte sich zum Glück nicht wirklich durchsetzen.

Als sich eine ähnliche Kritik an Socken der gleichen Firma entzündete, nahm der Konzern das Produkt jedoch gleich aus dem Sortiment. Das Sockenmotiv war von der südafrikanischen Volksgruppe der Xhosa inspiriert, der auch Nelson Mandela angehörte. Wie schade, denn die Socken waren wirklich hübsch. Man hätte von jeder verkauften Socke einen Teil des Erlöses spenden können, um diese Gemeinschaft oder deren Kultur zu unterstützen. Die eigentliche Kampagne ging auch gar nicht von den Xhosa aus, sondern von einem Organ, das sich zum Chefankläger der Inquisition gegen kulturelle Aneignung emporgeschwungen hat: AJ+.

Als jüngstes Mitglied der Al Jazeera-Gruppe präsentiert sich der Sender als »inklusives« Medium zur Förderung des Multikulturalismus. In Wirklichkeit handelt es sich aber um ein Propagandainstrument des katarischen Staates. Die ausgestrahlten Beiträge verfolgen das Ziel, das vermeintlich fürchterliche, rassistische Wesen des Westens zu entlarven. Sie sind eine perfekte Ergänzung der islamischen Propaganda, die Katar weltweit fördert und finanziert. Selbstverständlich wird das katarische Modell der »Inklusion« zu keinem Zeitpunkt in Frage gestellt. Der

Umgang mit Arbeitsmigranten oder die Situation von Frauen kommen dort nicht zur Sprache. In den meisten Fällen richtet sich die Kritik der kulturellen Aneignung auch nicht gegen Menschen, die tatsächlich mächtig oder böse sind, sondern gegen Künstler und Designer, die verschiedene kulturelle Einflüsse vermischen. Dies war auch bei Jamie Oliver der Fall. Seine Rezepte, die häufig von der italienischen Küche seines Mentors inspiriert sind, haben der englischen Art zu kochen neues Leben eingehaucht. Unter den tausenden von ihm interpretierten Rezepten befand sich auch ein später vermarktetes Reisgericht, dem man vorwarf, es sei nicht rezeptgetreu.

Die Bezeichnung »Jerk-Reis« bezieht sich auf eine von afrikanischen Sklaven im 17. Jahrhundert erfundene Gewürzmischung. In Jamaika, wo sie äußerst beliebt ist, wird sie bei der Zubereitung von Hühnchen verwendet, jedoch nicht für Reis. Das reichte aus, um einen Skandal loszutreten. Internetaktivisten beklagten, das Rezept enthalte nicht alle nötigen Gewürze. Diese Kritik blieb zunächst ohne ernsthafte Folgen. Nicht mehr als ein kleiner, wenn auch informativer Medienhype. Aufgebläht wurde die Sache erst, als die britische Labour-Abgeordnete Dawn Butler forderte, das Produkt solle vom Markt genommen werden. In einem Tweet, der offensichtlich um schwarze Stimmen werben sollte, schrieb Butler: »Ich frage mich, ob ihr wirklich wisst, was ein jamaikanisches Jerk ist. Es ist nicht bloß ein Wort, das man Dingen anheftet, um sie verkaufen zu können. (…) Euer Jerk-Reis ist nicht richtig. Diese Aneignung Jamaikas muss sofort aufhören.« Jamie Oliver antwortete mit einer nüchternen und respektvollen Erklärung. Ohne sich bei ihr zu entschuldigen, rief er in Erinnerung, dass er in seiner Karriere »mit Aromen und Gewürzen aus der ganzen Welt« gearbeitet habe. Anschließend erklärte er sein Vorgehen: »Als ich dem Reis diesen Namen gab, wollte ich zum Ausdruck bringen, woher die Inspiration stammte.«

Hätte Jamie Oliver dieses Rezept benutzt, ohne die Herkunft zu erwähnen, wäre ihm der Vorwurf der Aneignung gemacht worden. Wenn er hingegen den Namen benutzt, wirft man ihm vor, ein Verräter zu sein. Am Ende fragt man sich, ob die Besessenen der kulturellen Aneignung nicht von einer monokulturellen Welt träumen, in der jeder sich nur noch gemäß seiner Herkunft kleidet, frisiert oder ernährt.

Wettbewerb der Opfer

Ein nicht geringer Teil der heutigen Massenhysterie hat mit der extremen Dünnhäutigkeit der jüngeren Generation sowie mit der Tatsache zu tun, dass ihr die existentielle Bedeutung des Sich-Beklagens beigebracht wurde. Während Ehrgemeinschaften einst dem Heldentum kriegerischer Männlichkeit schmeichelten, haben die heutigen Gesellschaften den Opferstatus auf das Podest gehoben. Die Gründe sind nachvollziehbar. Ihnen ist daran gelegen, die Kräfteverhältnisse umzukehren, die Herrschaft zu stürzen und die Schwächsten in Schutz zu nehmen. Absurd jedoch wird dieses Vorhaben, wenn die Viktimisierung sich nicht gegen Herrschende richtet, sondern darauf aus ist, andere Stimmen zum Schweigen zu bringen.

Opfer von Vergewaltigung, Belästigung, Genozid, Rassismus, Homophobie oder Transphobie verdienen unsere Aufmerksamkeit und unser Gehör. Aus ihren Worten mag man Lehren ziehen, die geeignet sind, den gesellschaftlichen Zusammenhalt zu stärken. Etwas ganz anderes aber ist es, wenn Opportunisten unser Mitgefühl ausnutzen, um eine dauerhafte Klagestelle einzurichten. Oftmals wird Empörung nur hervorgerufen, um medial wahrgenommen zu werden und das eigene Geschäft einträglicher zu machen. Dann geht es nicht mehr um Tatsachen oder die Aufdeckung wirklicher Ungerechtigkeit, sondern um die Beseitigung von Konkurrenten.

Dieses Spektakel der Viktimisierung wird nicht selten als großer Wettbewerb betrieben. Etliche Inquisitoren

haben begriffen, dass die Stellen, die man als Opfer besetzen kann, begrenzt sind, vor allem in einem Land, das so
wettbewerbsorientiert ist wie die USA. Deshalb sind sie
bereit, ihren Ellenbogen einzusetzen und die Rasse-, Ge-
schlechter- oder Gender-Karte zu spielen, wenn es ihren
Ambitionen nützt. Dieser reflexhafte Mechanismus, der
längst einen eigenen wirtschaftlichen Sektor begründet
hat, wurde zuerst von Universitäten vorangetrieben.

Die beiden Soziologieprofessoren Bradley Campbell
und Jason Manning haben dem Aufstieg der Opferkultur
an 88 Prozent der liberalen amerikanischen Universitäten
ein Buch gewidmet.[59] Die Beispiele, die sie nennen, sind
wirklich beängstigend. Oberlin, eine äußerst linke geistes-
wissenschaftliche Fakultät aus Ohio, dient ihnen als Para-
debeispiel.

Die Einrichtung ist eine veritable Fabrik zur Herstellung
von Opfern und Zensoren. Die Studenten werden hier dazu
ermuntert, an jedem Ort Rassismus zu wittern: auf der
Straße, auf dem Campus und sogar in der Kantine. 2013
hatte man den ersehnten Siedepunkt endlich erreicht. Die
Studenten waren überzeugt, endlich auf einen handfesten
Skandal gestoßen zu sein: Auf dem Campus wurde eine
Person in der Aufmachung des Ku Klux Klan gesichtet.
Während der Untersuchung des Falles stellte sich jedoch
heraus, dass es sich dabei nur um eine Studentin handelte,
die sich mit einer weißen Decke vor Kälte schützte. Die
Paranoia, die diesem Fall voranging, grassierte, seitdem
man rassistische und antisemitische Botschaften an den
Wänden des Campus entdeckt hatte.

Doch auch hier verlief die Untersuchung enttäuschend.
Die Hassbotschaften waren das Werk zweier linker Stu-

---

59 Bradley Campbell & Jason Manning, The Rise of Victimhood Culture, London 2018.

denten, die lediglich ihre eigene Gemeinschaft wachrütteln wollten. Zwei Jahre später hatten die Studenten Oberlins schließlich einen echten Grund zu einer eigenen Revolte, einen ganz persönlichen Mai '68 in den Händen: das Menü der Kantine.

Die Tageskarte hatte einige vietnamesische Gerichte im Angebot. Eine davon zunächst begeisterte Erstsemesterin vietnamesischer Herkunft zeigte sich plötzlich schwer enttäuscht. Das Banh Mi, das man ihr vorgesetzt hatte, wich von dem ihr bekannten Rezept ab, und so biss sie statt in ein mit gegrilltem Schweinefleisch, Gemüse und Essig belegtes Baguette in eine mit Pulled Pork und Krautsalat gefüllte Ciabatta. Ihre Enttäuschung ist zwar nachvollziehbar – und nicht unüblich, wenn es um kulinarische Feinheiten in den USA geht –, aber reicht das aus, um gleich eine Medienkampagne über kulturelle Aneignung loszutreten?

Die Managerin des Caterings geriet jedenfalls sogleich in Panik. Sie nahm das Gericht von der Speisekarte, entschuldigte sich bei den Studenten und zeigte sich betroffen über das von ihnen empfundene »Unwohlsein«. Die örtlichen Medien setzten sich ebenfalls gleich in Bewegung. In der Manier von Lokalredakteuren untersuchten sie das Verbrechen und sprachen eine Warnung aus: Wenn Nicht-Vietnamesen ein Rezept ändern und es als authentisch ausgeben, dann machen sie es sich zu eigen. Als gäbe es ein authentisches Rezept eines Gerichts, das um die Welt gereist ist.

Laut Laurent Dubreuil, Autor eines Buches über die an Universitäten herrschende Diktatur der Identitäten, hat das Wort Banh Mi seinen Ursprung im Französischen *pain de mie* (Toastbrot). Die Beigabe bestimmter als authentisch empfundener Zutaten geht auf die Kolonialzeit zurück[60].

---

60 Laurent Dubreuil, La Dictature des identités, Paris 2019.

Muss man also hier den kulinarischen Beitrag des Kolonialismus respektieren? Es ist nicht klar, ob solch subtile Fragen an Universitäten noch einen Platz haben.

Seit einigen Jahren haben Professoren große Angst, über Themen zu sprechen, die ihre Studenten als »beleidigend« oder »verunsichernd« wahrnehmen könnten. Sie sind sogar gezwungen, eine Warnung auszusprechen, wenn Werke behandelt werden, die verstören oder »Mikroaggressionen« enthalten könnten. Unter diesem Begriff versteht man »kleine und banale, absichtlich oder unabsichtliche, verbale, verhaltensmäßige oder alltägliche Übertretungen, die ein Gefühl von Nicht-Zugehörigkeit oder der Abwertung bezüglich der Rasse, der sexuellen Orientierung oder des Geschlechts vermitteln, oder aber Beleidigungen und Kränkungen religiöser Natur, die sich gegen eine Gruppe oder Person richten«.[61] Eine extrem weitgefasste Definition. Sie stammt von Professor Derald Wing Sue, der an der Columbia-Universität in der psychologischen Beratung tätig ist und sich selbst als Opfer einer traumatischen Erfahrung bezeichnet. Nicht aufgrund eines Kantinenmenüs, aber fast.

Als er eines Tages gemeinsam mit einer afroamerikanischen Kollegin im Flugzeug saß, erschien eine Flugbegleiterin, um den Passagieren mitzuteilen, dass die Maschine überladen sei. Sie bat einige Passagiere, das Flugzeug zu verlassen,[62] unter ihnen auch Wing Sue und seine Kollegin. Die beiden Professoren waren fest davon überzeugt, dass sie aufgrund ihrer Herkunft ausgewählt worden waren. Die Flugbegleiterin wies diese Unterstellung schockiert zurück. Wie kann man sich aber gegen diesen Vorwurf zur Wehr setzen, wenn die Schuldzuweisung auf

61 Zitiert nach Campbell & Manning, a.a.O., S. 3.
62 Eine gängige Praxis in den USA.

einer bloß subjektiven Empfindung basiert? Die beiden emeritierten und ziemlich privilegierten Professoren jedenfalls weigern sich, zwischen einer absichtlichen und einer unbeabsichtigten Beleidigung zu unterscheiden. Diese Art der Verweigerung von Komplexität lehren sie ihre Studenten.

Nachhaltig traumatisiert, beschreibt Deral Wing Sue eine innere Wut, die das Blut in seinen Schläfen zum Pochen bringt, und lädt seine Studenten ein, noch die geringste »Mikroaggression« zu melden. Und dabei geht er mit gutem Beispiel voran. Wenn zwei mittelalte, wohlhabende und etablierte Universitätsprofessoren ihre Studenten lehren, sich aus nichtigen Anlässen in einen solchen Zustand versetzen zu lassen, sollte man sich nicht wundern, dass eine derart empfindliche Generation heranwächst.

Heutzutage regiert ein randvoller Katalog von »Mikroaggressionen« amerikanische Universitäten, in Oberlin ebenso wie in Harvard, Columbia oder Brown. Er enthält Sätze, die tatsächlich kritikwürdig sind, wie das an Nicht-Weiße gerichtete »Woher kommst du?« Aber auch eher Triviales oder zumindest Diskussionswürdiges ist davon betroffen, etwa die Aussage, Amerika sei ein »Schmelztiegel«, oder die Kritik des Affirmative-Action-Programms durch eine Formulierung wie: »Die Person mit der höchsten Qualifikation sollte den Job bekommen.« Dadurch wird jedes Gespräch sofort mit einem Verbot belegt.

Um eine Verletzung ihrer Studenten zu verhindern, müssen Lehrer jetzt »Trigger-Warnungen« ausgeben. Diese sollen den Empfindlicheren die Möglichkeit geben, ein Seminar zu verlassen, bevor sie verstört werden können. Es erinnert ein wenig an die Warnhinweise für Kinder, die vor der Ausstrahlung eines gewalttätigen oder pornographischen Films eingeblendet werden – mit dem Unterschied, dass es sich hier um Volljährige handelt, die ein Uniseminar besuchen, und dass die Warnhinweise klassische Werke wie *Antigone* oder *The Great Gatsby* betreffen! Einen Roman, der sowohl einen Suizid schildert als auch Szenen expliziter sexueller Gewalt enthält.

Einige Studenten befürchten, manche Kunstwerke könnten »ihre Dämonen wiedererwecken«. Aber ist das nicht der Sinn von Literatur? Wie soll Bildung funktionieren, wenn bestimmte Emotionen von vornherein ausgeschlossen werden? Zahlreiche Studentenvertretungen haben solche Bedenken aus dem Weg geräumt. Sie fordern ein »Recht auf Rückzug« im Falle empfindlicher Inhalte. Sie haben richtig gehört. Die Professoren sind verpflichtet, sie vor potentiell verstörenden Passagen zu »warnen«, und die Studenten haben das Recht, Seminaren fernzubleiben, die sie als »gefährlich« empfinden. Das war die ausdrückliche Forderung von Studenten mehrerer renommierter Universitäten.

2014, als diese Mode in die Welt kam, schickte sich die Universität von Santa Barbara an, diese Warnungen zu systematisieren. Es wurde verfügt, Studenten könnten frei über die Teilnahme an einem Seminar entscheiden, damit sie »dieses nicht mittendrin verlassen müssen«. Ein Jahr später wurde diese Idee von Studenten der Columbia-Universität aufgegriffen und fand Eingang in ein Manifest mit dem Titel »Our identities matter in the Core classrooms«.[63] Es geht hier auch darum, den populären Slogan »Black Lives Matter« dem eigenen Bedarf anzubequemen. In diesem Falle handelte es sich jedoch nicht um Polizeigewalt, sondern um die Gefahr einer durch Literatur ausgelösten Erschütterung der eigenen Identität.

63 Kai Johnson et al., Our identities matter in Core classrooms, *Columbia Spectator*, 30. April 2015.

Studenten der Columbia-Universität forderten die Streichung bestimmter, als eurozentrisch oder gewalttätig angesehener Werke vom verbindlichen Lehrplan. Sie führten dafür das Beispiel einer Studentin an, die in der Vergangenheit sexuelle Gewalt erfahren hatte und nun behauptete, das Studium der *Metamorphosen* Ovids hätte sie retraumatisiert. Nicht nur hätte die Lektüre dazu geführt, dass sie ihr Trauma erneut durchlebt, auch die Distanzlosigkeit des Dozenten, der seine Aufmerksamkeit auf »die Schönheit der Sprache und die Pracht der Bilder« legte, hätte sie schockiert. Laut ihren Fürsprechern konnte sich die Studentin in ihrem Seminar nicht mehr »sicher« fühlen. Dies bedeutet nichts anderes, als sie auf ihren Opferstatus zu reduzieren. Den Studenten zufolge ist die Zensur der *Metamorphosen* gleich doppelt legitim, denn der Text gilt ihnen nicht nur als gewalttätig, sondern auch als abendländisch. Wie »so viele Texte des abendländischen Kanons«, so das Columbia-Manifest weiter, »besteht er aus Inhalten, die verletzen, triggern und die Identitäten von Studenten und Studentinnen in Seminarräumen marginalisieren«.

In wenigen Zeilen werden die großen Werke der Literatur »rassifiziert« – also nach der Hautfarbe des Autors beurteilt –, bevor sie, als rassistisch und gewalttätig karikiert, aus dem »abendländischen Kanon« entfernt werden. Das Manifest kommt zu dem logischen Schluss, dass vergewaltigte Frauen, Farbige und Arme bestimmte Werke nicht studieren können: »Diese Texte, die auf intime Weise mit Geschichten und Erzählungen der Ausgrenzung verbunden sind, können für Überlebende, farbige Menschen oder Studenten aus bildungsfernen Milieus schwer zu lesen und zu studieren sein.«[64]

---

64 Zitiert nach Laurent Dubreuil, a.a.O., S. 88f.

Es lohnt sich, auf den paternalistischen Ton zu achten, der gegenüber diesen armen, aus bildungsfernen Milieus stammenden Studenten angestimmt wird. Abgesehen von ihrem Status als exotische Opfer, denen man zur Hilfe eilt, scheint man diesen Studenten keine besonderen Befähigungen zuzutrauen. Die Lehrkräfte, deren Aufgabe darin besteht, den Geist solch verschlossener Studenten zu erweitern, sind wirklich zu bedauern.

Der sehnlichste Wunsch der intoleranten Fremdenfeinde wird von den Opferlinken erfüllt. Die Weitergabe des Staffelstabs ließ nicht lange auf sich warten. Nach Ovids *Metamorphosen* wurde die Zensur aller Werke gefordert, die sich durch ein zu großes Maß an Originalität auszeichnen. An der Duke-Universität behauptete ein christlicher Student, dass *Fun Home*, ein Comic von Alison Bechdel, ihn »verletzt« habe.

Der Band erzählt die Geschichte weiblicher Paare und enthält ein Bild, das Frauen beim Liebesakt zeigt.[65] Wenn Linke vorgeben, von abendländischen Texten verletzt zu werden, warum sollten Fundamentalisten dies nicht auch auf das Studium liberaler Werke beziehen?

Die autoritären Forderungen identitärer Linker spielen stets identitären Rechten in die Hände. Der Student der Duke-Universität musste lediglich seine religiöse Identität und die Evangelien ins Spiel bringen, um seinen Wunsch nach Zensur zu begründen. Seine Argumentation ist nicht grotesker als die des Columbia-Manifests. Ein moslemischer Student sprang ihm auch sogleich zur Seite. Auch er machte sich Sorgen, dass diese liberale Literatur seine religiöse Identität beschädigen könnte: »Ich habe so viele Menschen gesehen, die ihre Identität im Namen des Lai-

---

65 Brian Grasso, I'm a Duke Freshman. Here's Why I Refused to Read »Fun Home«, *The Washington Post*, 25. August 2015.

zismus, der Offenheit und des sozialen Liberalismus auf den Müll geworfen haben.«[66]

Auch in Frankreich gibt es solche Bündnisse. Als die Regierung sich mit Programmen zum Abbau von Geschlechter-Stereotypen beschäftigte, haben sich moslemische und christliche Familien zusammengetan, um ihre Kinder aus diesen Kursen zu nehmen, damit diese nicht der »Gender-Theorie« ausgesetzt werden! Genau das ist der Ort, an den Identitätspolitik uns führt. Sie verwandelt Antirassisten in Kultur-Taliban. Die jungen Identitären von links schießen noch nicht auf Statuen, aber sie verlangen, dass man sie verhüllt.

An der Universität Hofstra, in der Nähe von New York, haben Studenten unter dem Slogan »Jefferson muss weg!« die Entfernung seiner Statue gefordert. Warum greift man einen der Autoren der Unabhängigkeitserklärung an, der die Studenten so viele Freiheiten verdanken? Eine Freiheit, die nicht sie erkämpfen mussten, benutzen sie dazu, Jefferson postum vorzuwerfen, dass er Sklaven besessen hat – was in den Südstaaten damals auf alle Personen seines Standes zutraf.

Die Studenten, die in der entkontextualisierten Welt der sozialen Netzwerke leben und nie die Gelegenheit hatten, an einer Universität kritisches Denken zu lernen, sind Opfer eines anachronistischen Unrechts. Ihre Exzesse erfreuen die Wählerschaft Donald Trumps. Ein junger Konservativer, der eine Petition zur Verteidigung der Statue von Jefferson initiiert hatte, durfte in den Sendungen von Fox News erscheinen, um für die Redefreiheit zu werben.[67] Auf diese Weise stellt die identitäre Linke den Sieg der identitären Rechten sicher. Nicht einmal die funda-

66 Zitiert nach Laurent Dubreuil, a.a.O., S. 90

67 Lukas Mikelionis, Thomas Jefferson Statue Must Go, Some Hofstra University Students Say, Fox News, 30. März 2019.

mentalistische Rechte kann ihnen in Sachen Zensur das Wasser reichen. Am Wellesley College unterschrieben dreihundert Studenten eine Petition, in der sie die Verhüllung der Statue eines leicht bekleideten Mannes fordern. Ehemalige Opfer sexueller Gewalt, so lautete die Begründung, könnten von ihr »belastet« werden.[68]

68 Sarah Mahmood, Why Wellesley Should Remove Lifelike Statue of a Man in His Underwear, *The Huffington Post*, 6. Februar 2014.

Die Universität der Angst

Wenn sie gerade nicht die Zensur von Kunstwerken oder den Umsturz von Statuen fordern, kann es auch vorkommen, dass Studenten die Einführung von Safe Spaces verlangen, nämlich von Räumen, in denen Studenten ganz unter sich bleiben können. Hier können sie sich von den vielen Verletzungen, von all dem Unbekannten und der Komplexität der Welt erholen. Laut Laurent Dubreuil ist aus dem Safe Space längst ein »Same Space« geworden, ein Gemeinschaftsraum, in dem Studenten, die eine bestimmte Identität teilen, zusammenkommen.[69] Manchmal auch fürs gemeinsame Gebet.

Wie so häufig bei dieser Opferideologie stammt der Begriff aus der Psychoanalyse. Er bezeichnet dort einen virtuellen Ort, der Schutz vor Gewalt bietet und in den man flüchtet, um sein psychisches Gleichgewicht wiederzufinden. Eine Art vereinfachter Panikraum. Vormals diente dieses Konzept dem Zweck, Schutzräume für verletzliche Personen – etwa geschlagene Frauen, Prostituierte oder Drogenabhängige – zu schaffen. Seit kurzem hat sich der Trend des Safe Space auf Universitäten ausgedehnt, die doch eher ziemlich privilegierte Orte sein dürften.

Wer könnte etwas dagegen haben, dass ein Student sich seine eigene Zufluchtsstätte schafft? Dass man sich Freunde den eigenen Neigungen gemäß aussucht, liegt in der menschlichen Natur. Warum aber sollte man fordern,

69 Laurent Dubreuil, a.a.O., S. 82.

dass die Universität einen Raum zur Verfügung stellt, an dem Menschen gleicher Identität zusammenfinden können? Ein solcher Ort bietet vor allem Schutz vor literarischen Debatten oder kleinen Widersprüchen, die Überzeugungen oder Identitäten in Frage stellen könnten. Dem liegt die Annahme zugrunde, jedwede Konfrontation sei eine Aggression. Ist es wirklich die Aufgabe des Tempels des Wissens, eine solche Empfindlichkeit noch zu fördern? Das wäre schlicht und ergreifend der Tod einer Universität, wie Thomas Jefferson sie sich wünschte. Ein Heiligtum der »grenzenlosen Freiheit des menschlichen Geistes«, in dem man keine Angst davor haben müsse, »die Wahrheit auszusprechen, wo immer sie auch hinführen mag«. Dieser Traum ist im Sterben begriffen. Die Studenten-Konsumenten haben den Tempel des Geistes in einen des Terrors verwandelt.

Wenn man sich den Preis in Erinnerung ruft, den Studenten für ein Studium bezahlen müssen (bis zu 60.000 Dollar und mehr pro Jahr) wäre es sicher günstiger, sich mit dem Geld einen eigenen Panikraum zu bauen und sich darin einzusperren. Eben das ist das Problem mit den amerikanischen Universitäten: Weil sie so teuer sind, führen sich Studenten wie tyrannische Kunden auf, die das Beste für ihr Geld herausschlagen wollen. Sie fordern Abschlüsse, ohne ihre emotionale Komfortzone jemals verlassen zu müssen oder in ihren Gewissheiten herausgefordert zu werden. Das führt dazu, dass Orte des Wissens zu touristischen Vergnügungsparks verkommen. Die Campus sind erhaben, die Gärten gepflegt, aber man lernt in erster Linie Sport und verkehrt nur mit seinesgleichen. Was man hingegen nicht lernt, ist, ein mündiger Bürger zu werden, der in der Lage ist, mit unterschiedlichen Menschen oder abweichenden Ansichten umzugehen. Das bringt narzisstische und neurotische Generationen hervor, deren Wut auf

Andersdenkende dank der sozialen Netzwerke noch verstärkt wird.

Michael Bloomberg, der ehemalige Bürgermeister von New York, hat sich in einem Vortrag an der Universität von Michigan gegen diese Kultur des Opfers, der Mikroaggressionen und Safe Spaces ausgesprochen. Er kritisierte den Irrglauben, man könne »sich von denjenigen, die einen anderen Standpunkt haben, isolieren«.[70] Das ist auch die Ansicht einer fortschrittlichen islamischen Theologin namens Irshad Manj, die an der Universität Hawaii unterrichtet. Beunruhigt über die Empfindlichkeit mancher Studenten, plädiert sie für eine doppelte Revolution im Unterricht: »In einer Zeit, in der immer mehr Schulen jungen Menschen beibringen, niemanden zu verletzen, muss der neuen Generation auch die Fähigkeit beigebracht werden, weniger empfindlich zu sein.«[71]

Genau aus diesem Grund habe ich 2016 zugesagt, eine Reihe von Konferenzen zu den Themen *Charlie Hebdo* und Laizismus an den Universitäten von Duke und Hollins zu organisieren. Das war kurz nach der Wahl von Donald Trump in zwei Staaten, die historisch von Sklaverei und Rassentrennung geprägt sind: South Carolina und Virginia. Man kann sagen, dass ich in ein echtes Minenfeld geraten war. Dennoch bot der Schock über Trumps Wahl und die damit verbundene Niederlage der Linken mir auch einen Grund zur Hoffnung. Vielleicht würde das ja den Anfang der Selbstkritik bei diesen verwirrten Studenten bedeuten. Ich war bereit, über alles zu streiten. Man muss erwähnen, dass die Professoren, die mich eingeladen hat-

70 Zitiert nach Bradford Richardson, Michael Bloomberg Booed at University of Michigan For Ripping Into Safe Spaces, *The Washington Times*, 2. Mai 2016.

71 Jason Duaine Hahn, Schools »Need« to Teach Kids »How Not to Be Offended« in 2019, Educator Pleads, *People*, 4. April 2019.

ten, keine Amerikaner, sondern Europäer waren. Sie hatten große Angst, ihren Studenten zu missfallen und deshalb entlassen zu werden. Die Intervention einer Außenstehenden sollte dazu beitragen, dass bestimmte tabuisierte Themen wieder behandelt werden können. Diese durchaus anregenden Tage bestätigten meine schlimmsten Befürchtungen, ließen aber dennoch Ansätze erkennen, wie dieser neugierigen Generation der Ausbruch gelingen könnte.

Auf dem Campus der Duke-Universität traf ich, zwischen idyllischen Gärten, einem See und der Kathedrale, ein paar äußerst sympathische Studenten. Sie litten darunter, dass sie an einer Institution studierten, deren Gründer zwar in Bildungsfragen sehr fortschrittlich gewesen war, nicht aber die Sklaverei in Frage gestellt hatte. Diese weißen Studenten führten mich in seine Krypta und spuckten dort fast auf sein Grab. Sie zeigten genau die Art von Verachtung, die von Menschen ihrer Hautfarbe erwartet wird.

Die Universität stand unter dem Eindruck eines Ereignisses, das viel über die dort vorherrschende Sensibilität verrät. 1997 fand man an einem Ort, an dem die Vereinigung schwarzer Studenten eine Demonstration geplant hatte, eine schwarze Puppe, die an ihrer Nase von einem Baum herabhing. Man stelle sich nur die Aufregung vor. Alle zeigten sich erschüttert. Genau wie am Oberlin College stellte sich auch hier heraus, dass es sich nicht um eine rassistische Provokation handelte, sondern um ein antirassistisches Happening.

Zwei schwarze Studenten hatten die Puppe aufgehängt, um Aufmerksamkeit zu erregen. Die Atmosphäre blieb auch nach der Aufklärung der Tat aufs Äußerste gespannt. Unter vier Augen zeigten sich die Dozenten bestürzt angesichts von Mikroaggressionen und Safe Spaces und berichteten von ihrer Angst, auch nur den geringsten Fehler zu begehen. Da sie darüber nicht mit den Studenten selbst sprechen konnten, setzten sie ihre ganze Hoffnung in mich.

In Hollins, einem reinem Frauen-Campus, konnte ich sehen, wie ein geschlechtergetrenntes Studium von der Last des Wettbewerbs mit dominanten männlichen Studenten befreien kann. Gleichzeitig erkannte ich aber auch, dass die Natur ein Vakuum verabscheut und Widersprüche sich auf anderem Wege wieder einschleichen. In diesem Falle fand der Konkurrenzkampf der Opfer zwischen verschiedenen Gruppen von Studentinnen statt. Die meisten von ihnen nahmen am sogenannten Women's March gegen Donald Trump teil: eine Aktion, die sie eigentlich hätte zusammenbringen müssen. Ich war schockiert zu sehen, dass sie dennoch von gegenseitigem Misstrauen beherrscht waren.

Die Aufteilung der Tische in der Kantine erinnerte mich an den Speisesaal aus der Gefängnis-Serie *Orange Is The New Black*. Die Lesben blieben ebenso unter sich wie die schwarzen Studentinnen oder die Transsexuellen. Die schwarzen Studentinnen teilten mir im Vertrauen mit, dass sie sich nicht trauten, sich zum Thema Homosexualität zu äußern. Weiße Studentinnen weigerten sich, gegen Rassismus vorzugehen, außer wenn es um ihre Selbstgeißelung ging. Lesbische Studentinnen versetzte die Vorstellung, Transsexuelle verletzen zu können, in Schrecken. Eine von ihnen wurde auf Wunsch einer Trans-Studentin aus dem Schlafsaal verbannt, weil sie auszusprechen gewagt hatte, Zehnjährige seien zu jung für Geschlechtsumwandlungen; in dem Alter könne man noch nicht wissen, ob man homo- oder transsexuell sei. Die transsexuelle Studentin behauptete, sie fühle sich in »ihrer Sicherheit gefährdet«. Man gestattete ihr daraufhin, in einen anderen Schlafsaal zu wechseln, in dem sie vor Diskussionen mit Lesben geschützt wäre.

Das Gesamtbild, das ich aus den vertraulichen Gesprächen gewinnen konnte, hat mich wirklich verblüfft. Meinen einzigen Trost fand ich in der Tatsache, dass sowohl Professoren als auch Studentinnen einmütig sagten, sie fänden das alles absurd. Die Angst, von den Inquisitoren des Campus gelyncht zu werden, hinderte sie jedoch daran, dies auch laut auszusprechen.

Als mein erster Kurs begann, war der Hörsaal restlos belegt. Sowohl Studentinnen als auch Bewohner der benachbarten Kleinstadt schienen neugierig auf diese Französin zu sein, die ihre Freunde bei einem Anschlag verloren hatte. Wenn es um Mitgefühl geht, lassen die Amerikaner einen nicht im Stich. Als aber der Moment der Debatte nahte, verkrampften sich ihre Gesichter.

Nachdem ich sie gewarnt hatte, dass ich sie sicherlich »beleidigen« würde, begann ich, über das Recht auf Gotteslästerung, Feminismus und Laizismus zu sprechen, ganz im Sinne der linken Zeitung *Charlie Hebdo*. Bei ein paar weißen feministischen Lesben, deren Gruppe ich identitärer Logik zufolge ja angehöre, hatte ich durchaus Erfolg. Da ich eine unverbesserliche Universalistin bin, hegte ich die Hoffnung, auch andere überzeugen zu können. Hier aber stieß ich auf ein Hindernis. Ich versuchte, das Missverständnis aufzuklären, das zwischen Frankreich und den USA hinsichtlich des rechtlichen Umgangs mit religiösen Symbolen an öffentlichen Bildungseinrichtungen besteht. Das Hindernis bestand in einer zutiefst beleidigten Studentin, die im hintersten Teil des Saals saß. Sie hob die Hand und wies mich zurecht: »Du darfst nicht über den Schleier sprechen. Der Schleier ist ein Symbol der moslemischen Kultur, und du bist eine weiße Feministin.« Wir waren plötzlich mittendrin.

Ich bedankte mich bei meiner Gesprächspartnerin, dass sie in nur einem Satz all das zusammengefasst hatte, was mich als Französin und universalistische Feministin »verletzt«. Ich brachte also meine fremde Kultur ins Spiel, um das Drama zu entschärfen. Nachdem ich sie noch mehrmals vor weiteren Verletzungen gewarnt hatte, was einige zum Lächeln brachte, legte ich los. Ich erklärte ihnen, dass der Respekt vor Kulturen für mich damit beginnt, dass ich sie überhaupt kennenlerne. Man soll nicht alles zusammenwerfen. Der Schleier symbolisiert nicht die islamische Kultur, denn zahlreiche Mosleminnen kommen auch gut ohne ihn aus. Algerierinnen haben dafür gekämpft, ihn nicht tragen zu müssen, und Iranerinnen tun dies noch heute, obwohl man sie dafür einsperrt oder foltert. Diejenigen, die aus dem Schleier das Symbol aller Mosleminnen machen wollen, unterstützen damit Fundamentalisten, neben denen ein Mike Pence wie ein gefährlicher Linksradikaler erscheint. Ein solcher, nämlich politischer und nicht exotischer Blick verändert die Perspektive der Debatte.

Wenn man die Perspektive der amerikanischen Linken aufgibt und eine annimmt, die sich mehr am Nahen Osten orientiert, erkennt man, dass es beim Schleier um eine tödliche Konfrontation zwischen Progressiven und Reaktionären geht. Den Schleier als Symbol einer gesamten Kultur essentialisieren bedeutet, die Gewalt dieses Kampfes zu verschleiern und die Akteure zu verniedlichen. Ähnlich wie im Christentum gibt es auch im Islam Auslegungen, die mehr oder weniger fundamentalistisch sind. Indem sie sich für den Schleier als »Symbol der Kultur der Moslems« ausspricht, erklärt sich diese Linke solidarisch mit den Fundamentalisten, während feministisch gesinnte moslemische Frauen von jungen Linken aus dieser Kultur ausgeschlossen werden.

Wer gibt ihnen dieses Recht? Wer ist diese Linke, dass sie glaubt, entscheiden zu können, wer worüber sprechen darf? Jeder sollte das Recht haben, ein derart politisches, die Rechte von Frauen betreffendes Thema zu diskutieren, denn sonst hätten die Antifeministen bereits gewonnen. Dies zu betonen, war mir wichtig. Ich konnte den schweren Atem der Studentinnen spüren. Die Decke des Auditoriums wirkte erhöht, und der Sauerstoff zirkulierte im Raum. Am folgenden Tag mussten wir aus einem anderen Raum zusätzliche Stühle für das Tutorium besorgen. Studentinnen, die nicht für das Seminar eingeschrieben waren, fragten, ob sie dennoch an der Veranstaltung teilnehmen dürften. Erneut warnte ich sie davor, dass ich sie beleidigen würde, was sie zum Lächeln brachte. Sie begannen, sich daran zu gewöhnen. Diesmal blieben alle sitzen, dabei handelte es sich sogar um ein Seminar über Religionen. Als ich die Studentinnen mit meinen Aussagen konfrontierte, stand ihre Professorin lächelnd daneben, was mir bemerkenswert erschien. Ich hatte eine Regel eingeführt: Jeder darf über alles reden, auch wenn es manche verletzt. Eine Art Safe Space für Meinungsdelikte. Ab dem Moment nahmen sich die Studentinnen das Recht, unter sich zu debattieren. Zu Beginn nur zaghaft und zitternd, doch wir waren auf dem richtigen Weg. Ihre verkrampften Körper entspannten sich, ihre Münder ebenso. Sie blieben zwar vor ihren Kommilitoninnen auf der Hut, fingen aber an, vernehmbar – und mit Freude – nachzudenken. Es hatte gereicht, die Atmosphäre der Angst, die andere Studentinnen eingeführt hatten, zu beseitigen. Die Neugier dieser Generation, ihre Lust auf Diskussionen, wartet nur darauf, zum Ausdruck gebracht zu werden. Es kommt darauf an, zu verhindern, dass die Gesetze des Campus von Tyrannen gemacht werden und dass Professoren, die standhaft bleiben, Unterstützung erhalten.

Als ich ging, dankte mir ein Professor mit Tränen in den Augen, dass ich Themen angesprochen hatte, an die er sich seit Jahren nicht mehr herangewagt hatte. Als ich ihn nach dem Grund fragte, teilte er mir mit, er habe Angst, seinen Arbeitsplatz zu verlieren. So etwas kommt nicht selten vor.

In Yale verloren 2015 zwei Dozenten ihren Job, weil sie die Universitätspolitik hinsichtlich »anzüglicher Halloween-Kostüme« in Frage gestellt hatten. Sie plädierten dafür, man solle den Studenten vertrauen, dies unter sich ausdiskutieren zu können. Als die E-Mail der beiden Dozenten geleakt wurde, fanden die Studenten tatsächlich zusammen ... in der Forderung nach ihrer Entlassung.[72]

---

72 Siehe Bradley Campbell & Jason Manning, a.a.O., S. 18 u. 38.

Der Alptraum von Evergreen

Eine verrückte Geschichte, die Szenen aus dem Roman *Der menschliche Makel*[73] in Erinnerung rief, spielte sich 2017 in Olympia im Bundesstaat Washington ab. Evergreen ist eine äußerst linke Universität, an der Kunst unterrichtet wird. Die Politisierung des Campus hatte eine solche Wendung ins Sektiererische genommen, dass sogar die liberale Presse sich alarmiert zeigte. Konservative Medien hingegen konnten sich an den von Studenten aufgezeichneten Filmaufnahmen ergötzen. Die Bilder wirkten, als wären sie an einer Universität in Nordkorea entstanden oder der Campus von einer Sekte übernommen worden.

Der Grund für die Kontroverse war eine Meinungsverschiedenheit zwischen einem Professor und seinen Studenten über den »Tag der Abwesenheit«. An diesem vor ein paar Jahren offiziell eingeführten Tag meiden sogenannte »farbige Personen« (*people of colour*) den Campus, um zu zeigen, welche gesellschaftliche Folgen ihr Fehlen hätte.

Der Biologieprofessor Bret Weinstein, ein progressiver, militanter Kämpfer für Bürgerrechte, ein Jude und ein Linksliberaler, der sich immer wieder gegen Rassismus ausgesprochen hatte, hatte diese Aktion in den Jahren zuvor stets unterstützt. Auch hatte er sexuelle Belästigungen

---

73 Der im Jahr 2000 in den USA erschienene Roman The Human Stain von Philip Roth erzählt die Geschichte eines Professors, dem Rassismus vorgeworfen wird, weil er in einem Seminar ironisch von »dunklen Gestalten« sprach.

in studentischen Verbindungen zu einer Zeit angeprangert, als nur wenige Professoren sich darüber aufgeregt hätten. Bret Weinstein ist ein strenger Dozent, der große Stücke auf Präzision und Dialektik hält: zwei Tugenden, die seine Studenten ihm nun zum Vorwurf machten.

Innerhalb nur weniger Tage wurde er zum Hassobjekt des ganzen Campus erklärt. Worin bestand sein Verbrechen? In einer absolut respektvoll verfassten E-Mail drückte er seine Sorge über die von einigen Studenten durchgesetzte Umdeutung des »Tages der Abwesenheit« aus. Anstatt die »farbigen Personen« aufzufordern, an diesem Tag ihre Kurse zu boykottieren, sollten nun sämtliche weißen Personen, Studenten sowohl wie Dozenten, das Unigelände nicht betreten dürfen. Das änderte natürlich den Charakter der ganzen Aktion. Wie er in seiner E-Mail und gegenüber seinen Schülern zu erklären versuchte, besteht ein großer Unterschied zwischen einer Gruppe, »die freiwillig einem öffentlichen Raum fernbleibt, um ihre Bedeutung hervorzuheben, und einer Gruppe, die von diesem Raum ausgeschlossen wird. Dies ist für mich als Bürgerrechtler – vielleicht sollte ich sagen, auch als Jude – inakzeptabel. Wenn die Leute anfangen, mir zu sagen, wohin ich gehen kann und wohin nicht, klingt das für mich wie ein Warnsignal.«

Jeder, der auch nur über ein Minimum kritischen Geistes verfügt, versteht die Differenzierung und antirassistische Aufrichtigkeit einer solchen Unterscheidung. Der Boykott eines öffentlichen Raums, einer Universität oder eines Busses, um Diskriminierungen anzuprangern, ist eine fortschrittliche Aktion. Jemanden wegen seiner Hautfarbe aus einem öffentlichen Raum zu verbannen, ist das Gegenteil davon … es ist Segregation! Und genau das versuchte Weinstein seinen Studenten zu erklären, als diese ihn im Unterricht angriffen, ihn umzingelten, Trommeln schlugen und schrien: »Hey! Hey! Ho! Ho! Bret Weinstein has got to go!«

Dank seiner grenzenlosen Geduld gelang es dem Dozenten, die Ruhe zu bewahren. Aber als er sein Argument darlegte, wurden die Studenten zunehmend erregt und schnitten ihm das Wort ab, beleidigten ihn und nannten ihn einen Rassisten. Sie brachten die Debatte mit folgenden Worten zu Ende: »Deine weißen Begründungen sind uns scheißegal. Dies ist keine Diskussion, du hast dieses Recht verwirkt!« Wie ein zum Lynchen bereiter Mob schloss sich der Kreis der aggressiven Studenten um ihn. Besorgt über das, was geschah, versuchte die Campus-Polizei, einzugreifen und den Professor zu befreien. Die Studenten drehten daraufhin vollkommen durch. Sie riefen »Weiße! Weiße!«, um ihre weißen Kommilitonen aufzufordern, sich zwischen den schwarzen Studenten und der Polizei zu postieren. Um die Sicherheit des Professors zu gewährleisten, musste sich die Polizei einen Weg durch die Menge bahnen. Dabei entstand ein kleines Gedränge. Die weißen Studenten wurden lediglich zur Seite geschoben, um den Weg freizumachen, in ihrer Erinnerung wurde aus der Szene jedoch ein echtes Martyrium.

Die schwarzen Studenten, die ihre Professoren mit der Forderung nach Wiedergutmachung konfrontierten, schilderten ein Ereignis, das wenig mit dem zu tun hat, was auf Filmaufnahmen zu sehen ist. Ihrer Meinung nach hätte die Polizei die weißen Studenten angegriffen, um an die schwarzen heranzukommen. Mit zitternder Stimme beschrieben sie eine Szene, die des Films *Detroit* würdig wäre: »Vergessen Sie nicht, was Sie uns angetan haben... Denken Sie daran, wenn Sie nach Hause gehen, um Ihre weißen Kinder zu küssen.« Die wie betäubt wirkenden Dozenten machten den Eindruck, als säßen sie auf der Anklagebank. Sie wagten es nicht zu widersprechen und wirkten von ihren eigenen Studenten sichtlich eingeschüchtert. Einige Tage später hielt dieselbe kleine Gruppe tyrannischer Studenten sie in der Buchhandlung sogar als Geiseln fest. Man zwang sie, ihre Passivität gegenüber der Polizei (der Vorfall dauerte insgesamt nur wenige Minuten) und ihre weißen Privilegien zu reflektieren. Der Präsident der Universität knickte als erster ein. Schuld und Furcht standen ihm ins Gesicht geschrieben. Als er fragte, ob er die Toilette benutzen dürfe, antwortete der Anführer des Aufruhrs, ein schwarzer Student: »Halt's zurück!« Der Direktor senkte den Blick und gehorchte.

Bereits tags zuvor musste der Präsident ein langes demütigendes Plenum erdulden. Über zwei Stunden beleidigten Studenten ihn und seine angeblich liberale Fakultät. Und natürlich verlangten die Anführer die Entlassung des Biologiedozenten Weinstein. Weder der Rektor noch einer der anwesenden Professoren wagten es, ihnen zu widersprechen, selbst als die Beleidigungen offen vulgär und rassistisch wurden: »Du erzählst nur Scheiße!« »Für wen zum Teufel hältst du dich?« »Fick dich! Ich scheiße auf die Polizei!« »Das tun sie uns schon seit 400 Jahren an. Wir haben diese Städte gebaut, wir hatten die Zivilisation lange vor ihnen!«

Die verbalen Angriffe der Studenten wurden seitens der von der neu gewonnenen Macht berauschten Kommilitonen bejubelt. Man hatte das Gefühl, in eine sadistische Reality-Gameshow geraten zu sein. Es glich einem Sektenauftritt. Als der Präsident auf einen Studenten zeigte, rasteten sie aus. »Das macht man nicht, du Hurensohn! Nimm deine Hand runter, George!« Eine schwarze Studentin näherte sich ihm auf bedrohliche Art. Der Universitätsdirektor senkte seine Hand und versteckte sie hinter seinem Rücken. Sklavisch entschuldigte er sich bei ihnen für noch die geringste Bewegung: »Ich gebe mir Mühe.«

Die Studenten lachten ihn dafür aus. Erfreut darüber, die neuen Herren zu sein, führten sie sich auf wie Sklavenhalter. Studenten war es gelungen, sich antirassistische Professoren zu unterwerfen. Eine Umkehrung, die sie sichtlich genossen.

Dieses absolute Chaos fiel nicht einfach so vom Himmel. Der Direktor von Evergreen erntete nur, was er gesät hatte. George hat auch einen vollen Namen, nämlich George Summer Bridges. Den psychischen Zustand der Studenten hat er zu verantworten. Er hat sie sogar in dem Glauben bestärkt, sich so aufführen zu dürfen.

Beseelt von guten antirassistischen Absichten, zwang er Anfang des Jahres sein Lehrpersonal, sich öffentlich auf einer Bühne mir ihrer »Rasse« vorzustellen, ihre Privilegien einzugestehen und sich für diese zu entschuldigen. Man muss die bleichen Gesichter dieser gedemütigten Dozenten einfach gesehen haben. Sie wussten, dass sie gerade jede Berechtigung verloren hatten, jede Chance, von ihren Studenten respektiert zu werden. Die Niederlage ließ sich an ihrer Mimik ablesen. Ihre Stimmen zitterten. Und nicht nur derjenigen, die gezwungen worden waren, sich als »weiß, heterosexuell und ›cis-gender‹« vorzustellen. Lesbische Lehrerinnen, Frauen, die oftmals die ersten ihrer Klasse waren, die eine Universität besuchten, mussten ihren Blick senken und sich für privilegiert erklären!

An einem anderen Tag wurden alle Dozenten aufgefordert, gemeinsam in einem imaginären Kanu Platz zu nehmen. Die Anweisungen erteilte ein schwarzer Professor, der zu ihnen sprach, als wären sie Kinder. Jeder Dozent musste anschließend versprechen, schwarze Studenten so freundlich wie möglich aufzunehmen und gleichzeitig das eigene »Weißsein« zu verurteilen. Dann mussten alle vor einer Leinwand, auf die Wellen projiziert wurden, in einem imaginären Kanu Platz nehmen. Ein den Tränen naher weißer Dozent begann, wie in Trance ins Mikro zu schreien: »Ich lasse mich nicht von Weißheit verschlingen!« Dieses Schauspiel gab einen Vorgeschmack dessen, was noch kommen sollte. Es ist kaum überraschend, dass manche enthemmte Studenten wenig später ihre Dozenten so sadistisch behandelten und sich unfähig zeigten, konträre Meinungen auszuhalten.

Die weißen Professoren wurden gleich zu Beginn aufgrund ihrer Hautfarbe herabgewürdigt. Das hielt die Universität jedoch nicht davon ab, einen weißen Guru einzuladen, dem alle zu folgen hatten: die Hohepriesterin Robin DiAngelo. Die von Linksidentitären verehrte Soziologin gehört zu den Urhebern der fragwürdigen »White Fragility«. Es handelt sich um ein sehr schlichtes Konzept, das besagt, dass ein weißer Mann, der abstreitet, rassistisch zu sein, es unwiderlegbar sei. Die Tatsache, dass er dem Vorwurf widerspricht und sich zu verteidigen sucht, wird als gültiger Beweis seines Rassismus angesehen. Das ist natürlich äußerst praktisch und unwiderlegbar. Die Forderung, eine solche Anschuldigung zu belegen, gilt selbst wiederum als Beweis für »Rassismus mit einem großen R«. Warum auch nachfragen? Ein Weißer ist eben zwangsläufig rassistisch, weil er weiß ist.

DiAngelo hält auch sich selbst aufgrund ihrer Hautfarbe für rassistisch: »Es ist mir unvermeidlich, rassistische Gedanken und Verhaltensweisen zu haben.« Sie haben richtig verstanden. Anstatt eine gute Verhaltenstherapie anzubieten, benutzt die »Soziologin« pseudowissenschaftliche Kategorien, um ein essentialistisches Vorurteil zu bestätigen, das selbst Ergebnis rassistischen Denkens ist. Als Weiße kann sie nun mal nicht anders. Vor den Studenten der Evergreen-Universität behauptete sie auch, dass »nur Weiße rassistisch sein können«. Denn selbstverständlich gibt es weder antischwarzen Rassismus noch Sklaverei in irgendeinem arabischen Land, wo der Handel mit Sklaven dreizehn Jahrhunderte dauerte, oder im Maghreb, wo man Schwarze auch Kakerlaken nennt und wo Fundamentalisten ihnen absprechen, echte Moslems zu sein.

Wie kann man nur solchen Scharlatanen gestatten, derartige Propaganda in einer Universität zu verbreiten? Di-Angelo wurde nicht nur eingeladen, Studenten von Evergreen einer Gehirnwäsche zu unterziehen, sie wurde auch großzügig dafür bezahlt. Für ihre Soziologie aus dem Ramschladen bekommt sie rund 12.000 Dollar pro Vortrag. Mit dem Geld könnte man ohne weiteres ein Stipendium für einen unterprivilegierten afroamerikanischen Studenten finanzieren. Die Universität zieht es offenbar vor, das Unternehmen einer wohlhabenden weißen Frau zu mästen, deren Geschäft darin besteht, Schwarzen beizubringen, weder mit Weißen zu reden noch ihnen zuzuhören, und Weißen, dass sie von Natur aus rassistisch seien.

Unter Prominenten nimmt die Tendenz zum Selbsthass immer mehr zu. Rosanna Arquette, die nur noch selten im Rampenlicht steht, twitterte: »Es tut mir leid, dass ich weiß und privilegiert geboren wurde. Es ekelt mich an. Ich schäme mich so sehr.« Haben solche Tweets noch einen anderen Zweck als die Stärkung derjenigen, die an eine weiße Überlegenheit glauben? Dass manche Studenten von Evergreen sich weigern, mit weißen Dozenten zu sprechen, ist wenig verwunderlich. Man hat ihnen den Selbsthass mit der Muttermilch verabreicht. Die Evergreen Universität hat sie gelehrt, sektiererisch und rassistisch zu sein!

Auch die heute herrschende Kultur bestärkt sie darin. Das inquisitorische Gebaren geht oftmals mit dem Wunsch medialer Repräsentation einher. Die Evergreen-Studenten gingen jedoch zu weit, und der ersehnte Ruhm blieb aus. Die Filmaufnahmen ihrer Übergriffe und Beleidigungen wirkten so verstörend, dass liberale Medien wie *Vice* ihre Recherchen sichtlich schockiert beendeten. Man kann sich vorstellen, wie Fox News mit ihnen umging. Die Gemüter hatten sich schließlich so sehr erhitzt, dass ein Neonazi die Presse anrief, um mitzuteilen, dass er auf den Campus kommen und »dieses Ungeziefer vertilgen« würde. Eine Drohung, die unsere Experten der Viktimisierung natürlich sogleich bejubelten.

In einem Video, das im Internet verbreitet wurde, riet ein Identitärer dazu, die Studenten nicht zu bedrohen, sondern sie vielmehr lächerlich zu machen. Er selbst tue dies, indem er einfach nüchtern und distanziert den Wahnsinn der Filmaufnahmen von Evergreen kommentiere. Jeder dieser Exzesse befördert die identitäre Rechte, in den USA wie in Europa, wo das Böse sich gerade Bahn bricht.

Hexenjagd

Der Fall der Mauer und das verkündete Ende der Ideologien haben der Rückkehr des Tribalismus den Weg bereitet. Wir befinden uns nicht mehr im Kalten Krieg, sondern in einem der Identitäten. Der Generation Y, den Millenials, sind Sklaverei, Kolonialismus, Deportationen oder Stalinismus gänzlich unbekannt. Obschon sie die Welt durch das Internet auf anachronistische Weise und losgelöst von allen Zusammenhängen wahrnehmen, halten sie sich dennoch manchmal für versklavt, eingeboren oder von Völkermorden bedroht. Das digitale Lynchen ist ihnen zu gleichen Teilen politische Schulung, Partei und politische Bewegung. Beseelt von dem Wunsch, die größte Zahl an »Likes« zu ernten, haben sie gelernt, sich noch vom geringsten Tweet mitreißen zu lassen und gleich loszuschreien. Das geht bis zur grandiosen Nachahmung der guten alten Moskauer Prozesse, die einfacher denn je zu organisieren sind. Sie finden heutzutage an den Universitäten statt.

In einem Dossier zum Thema »Rassenbesessenheit« beschreiben Étienne Girard und Hadrien Mathoux, zwei Journalisten der Zeitschrift *Marianne*, den »Krieg der Fakultäten«, der sich in Frankreich vor allem in der Soziologie abspielt.[74] Das Ergebnis ist deutlich: Die Universalisten haben verloren, und die Identitären haben sich überall

74 Étienne Girard & Hadrien Mathoux, L'offensive des obsédés de la race, du sexe, du genre, de l'identité…, *Marianne*, 12. April 2019

fest etabliert. An der Hochschule für Sozialwissenschaften, den Universitäten Paris 1 und Paris 8 oder auch an der École Normale Supérieure repräsentieren Anti-*Charlie*-Linke und Anhänger der »Indigenen der Republik« nun die Norm. Die »Indigenen« setzten sich etwa dafür ein, dass Workshops nach »Rassifizierten« und »Nicht-Rassifizierten« segregiert werden, »kulturelle Appropriation« verboten und der Vorwurf der »Islamophobie« zur Dauerbedrohung wird.

Auf dem Höhepunkt des intellektuellen Austauschs hat der »Rassenkampf« den »Klassenkampf« ersetzt und die Intersektionalität die Konvergenz der Kämpfe abgelöst. Diejenigen, die sich für marxistische oder universalistische Ansätze starkmachen, werden nicht mehr lange durchhalten. Ein System der feindlichen Übernahme, das ein junger Doktorand der Politikwissenschaft, der es vorzieht, anonym zu bleiben, so beschreibt: »Wenn man kein Anhänger Bourdieus ist und keine Lust auf die üblichen Themen Gender und Rasse hat, hat man wirklich keine großen Chancen, einen Job zu bekommen.«[75] Ein Professor wurde angeprangert, weil er die Einladung von Houria Bouteldja, einer Aktivistin der »Indigenen der Republik«, an die Universität von Limoges kritisiert hatte. *Marianne* gegenüber sagte Stéphane Dorin: »Der Direktor des Doktorandenkollegs gab mir zu verstehen, dass ich keine Doktoranden mehr einstellen dürfe, solange er dort ist.«[76] In der öffentlichen Meinung befindet sich die postmoderne Linke jedoch im freien Fall.

Wann immer sie das Wort ergreift, gewinnt die extreme Rechte an Bedeutung. Die Linke zog sich in die Universität zurück, so wie es die amerikanische religiöse Rechte

75 Étienne Girard, Comment les »décoloniaux« mènent la »guerre des facs«, *Marianne*, 12.–18. April 2019.
76 idem

tat, nachdem sie im Streit um Kreationismus und Evolutionstheorie den Kürzeren gezogen hatte. Im Schutz dieser Mauern hat sie eine neue Generation herangezüchtet, die unseren Rückzug ausnutzt, um sich zu rächen. Anstatt sie zu lehren, beim Urteilen stets Intention und Kontext zu berücksichtigen, indoktriniert sie ihre Studenten mit der identitären und opferzentrierten Ideologie des Antirassismus.[77]

Die kommende Generation, die begonnen hat, wichtige Positionen in den Bereichen der Kultur, der Medien oder auch der Politik zu besetzen, ist ganz der Identitätspolitik verpflichtet. Dank der Quotenforderung des intersektionalen Feminismus hat sie auch in den Jurys von Filmfestivals Platz genommen. Von diesen Positionen aus kann sie ihren Krieg gegen die kulturelle Aneignung führen. Aus Orten, die vor kurzem noch als Safe Spaces galten, wurden segregierte Werkstätten, die einzig den »Rassifizierten« vorbehalten sind.

Die »Nicht-Mischung« ist an sich nicht dramatisch. Sie kann sogar die freie Rede befördern. Und sie ist nachvollziehbar, wenn es etwa darum geht, die Besucherinnen eines lesbischen Filmfestivals vor Spannern und Perversen zu schützen. Wenn die Organisatorinnen nicht über die Mittel verfügen, eine Sicherheitsfirma zu beauftragen, kann der Ausschluss von Männern eine Möglichkeit

---

77 Das ist auch das Thema des Buches De la question sociale à la question raciale, in dem man sich nicht einmal mehr die Mühe macht, das Wort »Rasse« in Anführungszeichen zu setzen. Mitherausgeber Éric Fassin, Haussoziologe von *Le Monde* und France Culture und Importeur der amerikanischen Identitätspolitik, ist auch einer der wichtigsten universitären Unterstützer der »Indigenen der Republik«, die er für eine emanzipatorische Bewegung hält. Dieses Dogma unterrichtet er an der École Normale Supérieure einer ganzen Generation von künftigen Lehrkräften, die hier seine identitäre Vision und Konzepte wie das der kulturellen Aneignung lernen.

bieten, mit Unsicherheit umzugehen. Ebenfalls nachvollziehbar ist die Nicht-Mischung, wenn es darum geht, Opfern von sexueller Gewalt die Möglichkeit zu geben, frei zu reden. Ganz anders verhält es sich bei Seminaren, Schulungen und Debatten zwischen Aktivisten und Intellektuellen, die bestimmte Menschen aufgrund ihrer Hautfarbe ausschließen – so geschehen etwa an der Universität Paris 8, wo »Nicht-Rassifizierte«, d.h. alle Weißen, ausgeschlossen wurden. Wenn sich Opfer von Rassismus untereinander treffen wollen, um ihre Ansichten frei zu äußern, können sie dies im Rahmen von privaten Vereinen tun. Die Universität jedoch muss ein Ort bleiben, an dem Ideen ausgetauscht werden und der allen offensteht. Hier darf keinerlei Rassentrennung stattfinden – auch keine umgekehrte.

Ich träume von einem Campus, der zu einem Safe Space für geistige Auseinandersetzungen wird und auf dem eine Kultur der Gemeinschaft gedeihen kann. Ich träume von Refugien, in denen kontroverse als zugleich rücksichtsvolle Debatten stattfinden, die im Internet längst unmöglich geworden sind. Seit einigen Jahren schon treten die Inquisitoren als Gedankenpolizei auf, und ihre Zensur geht längst über Fragen der Identität hinaus. Es wird zunehmend schwierig, offene Diskussionen zu führen. Studenten aus der identitären radikalen Linken greifen Referenten, die ihre Überzeugungen nicht teilen, regelmäßig an, und zwar mit körperlicher Gewalt. Dabei können ihre Opfer genauso der Rechten wie der gemäßigten, sozialdemokratischen oder universalistischen Linken angehören. An zahlreichen Universitäten ist es nicht mehr möglich, Personen einzuladen, die diesen sektiererischen, linken oder islamistischen Studenten nicht genehm sind. Die Redner werden sogleich von einem Mob fanatischer Studenten verjagt, die ihnen vorwerfen, ihren Safe Space zu verletzen. In der wirklichen Welt verhält es sich nicht anders als im Internet.

Genau das ist mir an der Freien Universität Brüssel (Université de Bruxelles, ULB) bereits zweimal passiert. 2007 war ich dort, um die Sicherheitspolitik von Nicolas Sarkozy zu kritisieren. Die Vorlesung fand unter Polizeischutz statt. Studenten schrien: »Dreckige Jüdin! Freimaurerin! Islamophobe!« Einige warfen Papierkugeln, andere versuchten, mich mit Torten zu bewerfen. Vor allem machten sie mir zum Vorwurf, dass ich mich gegen den Komiker Dieudonné und Tariq Ramadan (ein islamistischer Guru, der von dieser Gruppe von Studenten häufiger eingeladen wurde) ausgesprochen hatte.

Der letzte Runde Tisch der Veranstaltung wurde von türkischen Studenten organisiert, die den Völkermord an den Armeniern leugneten. Der Rektor, der darüber schockiert war, versuchte, wieder ein wenig Ordnung in seine Fakultät zu bringen. Zu diesem Zweck initiierte er ein Seminar zum Thema »Werte«, das über den Geist der Universität aufklären sollte. Er gab auch bekannt, dass Tariq Ramadan dort nicht mehr willkommen sei. Die linken Studenten wollten sich dafür rächen und es ihm heimzahlen. Es war ihnen vollkommen unverständlich, dass die Universität ihre eigenen Werte verteidigen könnte.

Diese von manchen als Autoritarismus denunzierte Wachsamkeit wollte man mit dem Angriff auf meine Konferenz einschüchtern. Das hielt die anarchistischen Studenten nicht davon ab, »Nieder mit der Demokratie!« zu schreien, um mich zum Schweigen zu bringen. Die Hochschullehrer, die an der Konferenz teilnahmen, zitterten, in Schrecken versetzt durch die Gewalt ihrer Schüler. Was ich an diesem Tag zu Gesicht bekam, war der Niedergang des Denkens. Zwei Stunden stand ich mit ihnen im Ring, widersetzte mich ihren Einschüchterungsversuchen und ging auf alle vorgetragenen Anschuldigungen und Beleidigungen ein. Als es mir gelang, mir Gehör zu verschaffen, bekam ich nicht nur ein paar Minuten Stille, sondern sogar Applaus. Ich ging naiverweise davon aus, dass diese körperliche Performance meinerseits – ich hatte dabei zwei Kilo an Körpergewicht abgenommen – einen Durchbruch zur Folge haben würde. Das erwies sich jedoch als Irrtum.

In den folgenden Tagen stand der ganze Campus Kopf. Die für das Projekt »Werte« verantwortliche Professorin Emmanuelle Danblon erhielt zahlreiche, oftmals antisemitische Drohungen. Anstatt sie zu unterstützen, zog es der Rektor vor, das Projekt um des Friedens willens zu beenden. Als ich fünf Jahre später zu einer Debatte an die ULB zurückkehrte, gehörte er dem Rektorat der Universität nicht mehr an. Diesmal sollte ich an der Seite der beiden belgischen Intellektuellen Hervé Hasquin und Guy Haarscher über Rechtsextremismus und Rassismus sprechen. Die Debatte fing zunächst gut an, musste dann aber nach zehn Minuten bereits abgebrochen werden. Etwa sechzig absolut fanatische linke und islamistische Studenten, die sich im Saal befanden, begannen, unsere Veranstaltung zu stören. Einer von ihnen beleidigte mich auf rassistische Weise. Ich setzte mich aber sofort zur Wehr, was einige der Anwesenden wohl ein wenig überraschte. Das von den Störern geplante Szenario sah vor, dass ich die Beleidigungen einfach über mich ergehen lasse. Ihr Ziel bestand von Anfang an darin, mich am Sprechen zu hindern. Obwohl ich durch meine Reaktion ihren Plan zu Beginn durchkreuzte, gingen die Randale weiter. Die übrigen Zuschauer hatten im Gegensatz zu mir keine Ahnung, worum es bei dem Schauspiel ging. Ich hatte die vorab verbreiteten Aufrufe gelesen. Man hatte in sozialen Netzwerken angekündigt, mich »symbolisch zu steinigen«. Die Operation hatte sogar einen Namen: »Burka Blabla«.

Sie zielte darauf ab, mich für meine feministische Haltung gegenüber der Vollverschleierung und meine Kritik an der Doppelzüngigkeit Tariq Ramadans anzugreifen. Die Operation wurde von mehreren seiner Fans angeleitet. Einem der extremsten unter ihnen, Souhail Chichah, gelang es sogar, eine Anstellung als Professor an der ULB zu bekommen. Irre vor Wut und den Kopf mit einem Schleier bedeckt, kam er in den Zeugenstand, um mich anzuschreien. Als wir ihm ein Mikro hinhielten, gelang es ihm plötzlich nicht mehr, auch nur ein Wort herauszubringen. Er konnte nur noch skandieren: »Burka Blabla, Burka Blabla«, um die Meute aufzuwiegeln. Ich hatte noch nie so viele Radikale gesehen, die drauf und dran waren, gewalttätig zu werden. Vermummt oder mit einer Kufiya bekleidet, stürzten sie die Universität ins Chaos. Einer von ihnen trug die Attrappe eines Sprengstoffgürtels und sprang auf, um ein Selbstmordattentat nachzuahmen. Die Unterstützer brüllten, die Teilnehmer wirkten verzweifelt, und die Konferenz wurde abgesagt.

Zumindest diesmal verursachte die Zensuraktion einen Skandal in der belgischen Presse. Der Dozent, der die Störung ausgeheckt hatte, wurde nach einer internen Untersuchung entlassen. Hierbei kam auch heraus, dass seine Studenten den Auftrag hatten, über getötete palästinensische Kinder Buch zu führen. Der neue Rektor der ULB, Didier Viviers, erwies sich als fähig, mit der Situation umzugehen. Ich habe auch eine Beschwerde gegen einen der Anführer dieses Angriffs eingereicht, der es gewagt hat, mich im Internet mit Anders Breivik, dem Naziterroristen, zu vergleichen. Ich wollte erreichen, dass die belgischen Behörden diese Glucke genauer ins Visier nehmen.

In der auf die Veranstaltungen folgenden Nacht fühlte ich mich bedroht wie nie zuvor. Jahre später erfuhr ich, dass einer der Organisatoren der »Zwischenrufe«, wie die

Presse es nannte, aus Syrien zurückgekehrt war, wo er sich dem Islamischen Staat angeschlossen hatte. Gegenüber der Polizei und der Presse, die ihn befragten, schwor er, dass er nicht an den Kämpfen teilgenommen habe. Er wollte nur das »humanitäre« Projekt der Terrororganisation untersuchen.[78] Er wurde weder verhaftet noch daran gehindert, sich frei zu bewegen. Er konnte ohne weiteres an meiner Konferenz teilnehmen.

Menschen, die von Islamisten mit dem Tod bedroht werden, können nicht so leicht wie er eine Universität betreten. Studentengruppen können antisemitische Provokateure wie Dieudonné oder Hamas-Anhänger wie Houria Bouteldja einladen, während es für Freunde von *Charlie Hebdo* sehr schwer geworden ist, die Redefreiheit oder den Laizismus zu verteidigen. In den USA oder Großbritannien kosten Sicherheitsmaßnahmen zum Schutz vor dschihadistischen Gruppen mindestens 20.000 Euro. Das hat zur Folge, dass Einladungen immer seltener werden. Hinzu kommt, dass linke und islamistische Studenten mit Sicherheit auftauchen werden, um Veranstalter und Vortragende zu bedrohen und anzugreifen.

An der Universität von London wurde 2017 die iranische Feministin Maryam Namazie von einer Gruppe moslemischer Studenten angegriffen. Sie warfen Namazie die Verletzung ihres Safe Space vor und drehten ihr deshalb den Strom ab. Diesmal blieb die Universität jedoch standhaft. Das war auch am Pariser Institut für politische Wissenschaften (Sciences Po) der Fall, als Studenten versuchten, Alain Finkielkrauts Auftritt zu verhindern. Die Konferenz musste hinter verschlossenen Türen und mit hohem Sicherheitsaufwand stattfinden. Der Studentenverband

---

78 L'un des ex-chahuteurs de Caroline Fourest à l'ULB est allé en Syrie et s'explique, *La Libre Belgique*, 14. August 2015.

UNEF protestierte zwar dagegen und kritisierte die Universität dafür, dem Intellektuellen einen Raum geboten zu haben, aber die Veranstaltung konnte dennoch stattfinden. Wenn von Safe Spaces die Rede ist, sollte jedem klar sein, dass es sich hier um einen Krieg um Territorien handelt, um eine Einschüchterungstaktik, die eine identitäre Weltanschauung zum Nachteil aller anderen verbreitet.

Im Oktober 2019 hinderten Studenten Sylviane Agacinski, eine eher konservative essentialistische Feministin, daran, an der Universität Bordeaux Montaigne zu sprechen. Agacinski setzt sich dafür ein, dass auch weibliche Paare die Möglichkeit bekommen, sich künstlich befruchten zu lassen. Anstatt zu kommen und ihr den Widerspruch in aller Ruhe zu erklären, drohten sie der Konferenz gleich mit Gewalt. Die Verantwortlichen der Universität hielten nicht dagegen, sondern knickten ein.[79]

Im selben Monat beschloss die Leitung der Panthéon-Sorbonne, ein Seminar über die Prävention von Radikalismus abzusagen, das der algerische Journalist Mohammed Sifaoui seit zwei Jahren geplant hatte. Nach den Attentaten, die Algerien in den 1990er Jahren heimsuchten, wurde er zu einem der besten Kenner dieses Phänomens. Dieses Deradikalisierungsprogramm wurde in Partnerschaft mit der Pariser Moschee und mehr als 80 Imamen entwickelt! Seine Kritiker warfen ihm »Islamphobie« vor und monierten, er sei nicht akademisch genug. Dabei sind die Erfahrungen, die Sifaoui gemacht hat, von entscheidender Bedeutung für ein solches Projekt. Es brauchte nur eine Handvoll islamistischer Vereinigungen, die von Gewerkschaften unterstützt wurden, um die Veranstaltung zu sprengen.

79 Fabien Leboucq, PMA: pourquoi la conférence de Sylviane Agacinski a-t-elle été annulée à l'université de Bordeaux?, *Libération*, 27. Oktober 2019.

Der Gipfel des Grotesken wurde erreicht, als es kleinen Stalinisten gelang, eine Konferenz des ehemaligen Präsidenten François Hollande zu verhindern. Als er an der juristischen Fakultät in Lille über sein neues Buch sprechen wollte, drangen hundert Studenten, die der Gewerkschaft Solidarnosc nahestanden, in das Amphitheater ein und schrien: »Hollande, Mörder!« Einige zerrissen sogar Kopien seines Buches. Sie behaupteten, dies sei ein Protest gegen Prekarität. Einige Tage zuvor hatte sich ein junger Student aus Lyon selbst in Brand gesteckt, weil er sein Stipendium verloren hatte. Eine Schaufensterpuppe vor dem Veranstaltungsort zu verbrennen, wäre vielleicht sinnvoll gewesen. Bücher zu vernichten und Hollande einen »Mörder« zu nennen, ergibt hingegen keinerlei Sinn, sondern ruft vielmehr die stalinistischen Prozesse in Erinnerung. Da sie alles relativieren, können die Inquisitoren nicht mehr zwischen einem Demokraten und einem Diktator, zwischen Protest und Zensur unterscheiden.

Das Abdriften eines Teils der Jugend ist aber nicht das einzige, was auf dem Spiel steht. Auch die kulturelle Resignation bestimmter Eliten muss in Frage gestellt werden. Wie lange wird man diese Einschüchterung tolerieren? Ist denn nicht klar, auf welchen Weg sie uns führt?

Schluss

Solange die identitäre Linke den Antirassismus in einer die Freiheit bedrohenden sektiererischen Manier lächerlich macht, wird die identitäre Rechte die Köpfe und Herzen und letztlich auch die Wahlen gewinnen. Indem jene die Zensur, die Abstammung, die Religion und den Partikularismus verteidigt, überlässt sie dieser die schöne Rolle, die Freiheit zu verteidigen.

Lange ist es her, dass das Unglück die Unterdrückten sowohl mit Würde als auch mit einem dicken Fell ausstattete. Unsere Älteren haben wirkliche Erniedrigungen erduldet, keine »Mikroaggressionen«. Die »Beleidigten« der identitären Linken haben die Gewalt des Kampfes gegen die Rassentrennung, die Apartheid oder den Nazismus nie kennengelernt. Sie haben sich weder für das Recht auf Abtreibung geschlagen noch für das Recht zu lieben, ohne verhaftet zu werden, wie bei den Stonewall-Unruhen in New York 1969. Sie proben den Aufstand gegen asiatisches Essen in der Kantine und gegen Yoga. Ihre zimperliche Haut reagiert allergisch auf den geringsten Verdruss. Eine zur Verletzlichkeit gesteigerte Empfindsamkeit gibt den Antirassismus der Lächerlichkeit preis.

Mehrere Dinge kommen zusammen, die ein solches Abdriften erklären mögen. Zunächst der legitime Wunsch, ein vulgäres, demütigendes und gehässiges Vokabular zu bekämpfen. Wenn auch die »politische Korrektheit« heute offenkundig jedes Maß verloren hat, steht eine Rückkehr zur einst tonangebenden Sprache außer Frage. Zu Recht wird die Anstiftung zum Hass oder gar zum Mord geahndet und »hate speech« in den sozialen Netzwerken ebenso wie unsere Medien kontrolliert. Jedoch nicht der Humor, das künstlerische Schaffen oder das Hintergründige: Die Brutalität einer Rede oder einer Zeichnung ist mit der einer Tat nicht zu verwechseln. Wenn man der Redefreiheit jedes Mal Einhalt gebietet, sobald eine Gruppe oder eine Person daran Anstoß nimmt, wird jede Diskussion, ja jede bloße Unterhaltung und selbst die Demokratie erstickt. Fortschritt bedeutet nicht, schweigen zu lernen, sondern besser reden zu lernen.

Doch selbst wenn sie überzogen sein mag, muss die Befreiung der Rede nach der Art von #MeToo weitergehen. Nach Jahrhunderten von Vergewaltigungen und Belästigungen ist sie dringend notwendig. Die Scham, die die Opfer lähmte, geht endlich auf die Seite der Täter über. Gleichwohl kann das Meinungstribunal noch lange nicht die Justiz ersetzen, die untersucht, ob jemand schuldig oder unschuldig ist, ehe der Ruf eines Menschen ruiniert wird. Die stärkste Waffe zur Entwicklung des Bewusstseins ist die Ermutigung zu einer neuen Vorstellungswelt, in der jeder sich dank Film und Fernsehen mit tausend Personen identifizieren kann. Doch sollte man um Himmels Willen nicht der karikaturenhaften Vorstellung verfallen, dass Filme als »kulturell echt« ausgewiesen werden müssten, indem die Schauspieler nur Figuren ihrer ethnischen Gruppe spielen und nichts als politisch korrekte Dialoge sprechen!

Mit Diktaten oder Grenzziehungen verschiebt man keine Normen. Die Inspiration ist, wie die Schauspielerin und Regisseurin Ariane Mnouchkine so schön sagte, eine »heilige Quelle«, an der wir uns kräftig laben sollen. Dies erfordert sicherlich eine gewisse Anmut, wenn es etwa darum geht, etwas zu respektieren und zu zitieren. Im Falle kommerzieller Vermarktung sollte ein gerechter Austausch gewährleistet werden. Auf dem Gebiet der Kultur, der Musik oder der Literatur bedeutet Würdigung nicht Raub, sondern Mischung, eine vielfältige Kultur nämlich, wie sie die Inquisitoren der Identität gerade abwürgen. Die sozialen Netzwerke stiften sie an, wie eine Meute zu jagen und in einer Dauerschleife zu denken. Die Universitäten sollten lehren, gegen sich selbst zu denken, Zusammenhänge zu erkennen, Widerspruch auszuhalten und darauf mit Argumenten einzugehen. Doch das Gegenteil richten sie an. Die Studenten wähnen sich dort in einem Supermarkt. Hochgeschätzt wird in der heutigen Zeit das Opfer, nicht der Mut. Der Einschüchterung folgt die Abdankung.

Aus diesem Höllenkreis muss man ausbrechen, indem man all das nicht länger geschehen lässt; indem man sich weigert, diese inquisitorische und sektiererische Vorstellung von Identität und Kultur wichtig zu nehmen. In der Hoffnung, wir mögen zeitig aufgeschreckt werden.

Alarm schlagen Leute seit Jahren schon von einem Ende zum andern des intellektuellen Spektrums. Schon 1987, in *The Closing of the American Mind*[80], machte der klassizistische Philosoph Allan Bloom auf die Gefahren des akademischen Relativismus aufmerksam. Seine Besorgnis teilte der demokratische Historiker Arthur M. Schlesinger, ein Bürgerrechtler und einst Berater John F. Kennedys. Sein Buch *The Disuniting of America. Reflections on a Multicultural Society* erschien 1991, und es klingt noch immer wie ein ahnungsvoller Warnruf. Mit Sorge sieht der Autor ein »postideologisches« Zeitalter anbrechen, in dem ethnische und religiöse Loyalitäten bald zerreißen könnten, was eine Nation zusammenhält. Eine solcher Zerfall in einzel-

---

80 Deutsche Ausgabe: Der Niedergang des amerikanischen Geistes. Ein Plädoyer für die Erneuerung der westlichen Kultur, Hamburg 1988. [A.d.Ü.]

ne Stämme bedroht in seinen Augen den »American way of life«. Ganz besonders erschreckt ihn die Wendung, die die universitäre Lehre genommen hat, in der es nämlich bald unmöglich sein wird, eine gemeinsame Geschichte zu vermitteln. Offen kritisiert er die Auswüchse des Multikulturalismus und der Identitätspolitik sowie deren Neigung, die Redefreiheit und die Freiheit der Gotteslästerung zu beschränken. Seiner Ansicht nach könne dies zu einem »Kulturkrieg« führen. In einem solchen befinden wir uns heute. Seine Befürchtungen haben sich bewahrheitet.

Dreißig Jahre später kam Francis Fukuyama zu demselben Befund. Nachdem er das Ende der Ideologien verkündet hatte, veröffentlichte er den Essay *Identity*, der die Verheerungen der identitären Restauration zurückverfolgt, die von der radikalen Linken betrieben wird, doch wie immer am Ende der radikalen Rechten zugute kommt. Denn diese verkörpert noch mehr Thymos, »jenen Teil der Seele, der nach der Anerkennung der Würde (einer Nation) strebt«.[81] Der Autor ist überzeugt, die Linke könne keine große Bedeutung mehr erlangen, wenn sie nicht einem allen Menschen gemeinsamen Anliegen Rechnung trage, anstatt sich einer Klientel- und Identitätspolitik zu verschreiben. Rettung verspricht er sich von einer republikanischen Linken nach französischem Vorbild. So sieht es auch Mark Lilla. In einem glänzenden und durch Belege gestützten Pamphlet klagt dieser liberale Frankophile die identitäre Linke an, sie habe »Amerika in Stücke gehauen«. Auch er plädiert für einen universalistischen Begriff von Fortschritt: »Wir müssen eine republikanische Linke werden.«[82]

---

81 Francis Fukuyama, Identity, the Demand for Dignity and the Politics of Resentment, London 2018, S. 13.
82 Mark Lilla, op. cit., p. 31.

Zu dieser Linken zähle ich mich selbst; diese universalistische Auffassung halte ich der identitären Linken entgegen, und zwar mit einem Gefühl der Dringlichkeit, das im Laufe der zwanzig Jahre währenden Untersuchung extremistischer Bewegungen wie des Front National oder der amerikanischen religiösen Rechten gewachsen ist. Der Weg der Identität führt niemals zur Gleichheit, sondern zur Vergeltung.

Eine konstruktive Kritik der Identitätspolitik oder der politischen Korrektheit wird nicht aus dem konservativen Lager kommen. Dort prangert man die »Tyrannei der Minderheiten« nur an, um die Herrschaft der Privilegierten wiederherzustellen, und kehrt die Fehler des Multikulturalismus nur hervor, um zum Monokulturalismus zurückzukehren. Über die politische Korrektheit klagt man nur, um frei aufstoßen zu können. Die wahre Alternative kann nur von aufrichtigen Antirassisten kommen. Dazu bedarf es eines gewissen Muts, denn man muss sich mit Freunden und Genossen herumärgern und es aushalten, als »rassistisch« und »islamophob« beschuldigt zu werden. Was furchtbar anstrengend ist. Dennoch muss man der Einschüchterung trotzen, wenn man dem Krieg der Identitäten Einhalt gebieten will. Eine solche Intervention erfordert, dass man die absurden Anschuldigungen kultureller Aneignung nicht länger hinnimmt; dass man Orte und Stellen an den Universitäten zurückerobert; dass man von neuem lernt, die Gleichheit und nicht nur die Vielfalt zu verteidigen.[83] Ohne der Versuchung nachzugeben, den Kampf

---

83 Dafür plädiert Walter Benn Michaels, der den Kampf der Klassen dem der Rassen vorzieht. In einem Essay mit dem Titel La Diversité contre l'égalité (Paris 2009), eine Formulierung, die ich selbst einige Monate zuvor in *Le Monde* gebraucht hatte, äußert er die Ansicht, dass die plötzliche Begeisterung für gesellschaftliche Themen die Akzeptanz der durch die Marktwirtschaft hervorgebrachten Ungleichheiten verdeckt: »Die Diversität ist kein Mittel, um Gleich-

gegen soziale Ungleichheiten mit dem gegen Diskriminierungen in Konkurrenz zu setzen.

Die Bekämpfung von Rassismus, Antisemitismus, Sexismus oder Homophobie ist weder zweitrangig noch ein bloß »bürgerliches« Gefecht. Diskriminierung tötet, vernichtet und entwürdigt. Derart giftige Vorurteile muss man weiterhin angreifen, doch auf intelligente Art, mit dem wirklichen Ziel, zu überzeugen, Hindernisse aus dem Weg zu räumen, Stereotypen abzubauen, die Ketten der ethnischen Zugehörigkeiten zu sprengen und die Aufteilung der Rollen und Geschlechter zu überprüfen. Der Traum fluider Identitäten, freier Sexualitäten, des Transkulturalismus und einer gemischten Gesellschaft bezeichnet das genaue Gegenteil der Welt der identitären Linken, die sich von Konflikten, die die Menschen in ihre jeweilige Schublade stecken, von Opferkonkurrenz und von endlosen Antagonismen nährt.

Diese Tyrannei der Beleidigung erstickt uns. Es ist Zeit, Luft zu holen und von neuem zu lernen, die Gleichheit zu verteidigen, ohne der Freiheit zu schaden.

heit herzustellen; sie ist eine Methode, um Ungleichheit zu verwalten.« Gegen die abgrundtiefen Ungleichheiten muss man den Odem eines wahrhaft fortschrittlichen Denkens wiederfinden (siehe Caroline Fourest, La diversité contre l'égalité, *Le Monde*, 17. Januar 2008).

Aus der Reihe Critica Diabolis

http://www.edition-tiamat.de